モスクワ音楽都市物語

19世紀後半の改革者たち

S. K. ラシチェンコ
Светлана Константиновна Лащенко

広瀬信雄＝訳

明石書店

Светлана Константиновна Лащенко
«Музыкальная Жизнь Москвы. Второй половины XIX столетия» 2002
ISBN: 5-98046-001-2
『19 世紀後半におけるモスクワの音楽生活』
（英語表記：The Musical Life of Moscow in the second half
of the19-th century)

日本のみなさまへ

　今では一千数百万を超える人々が暮らすメガロポリスとなったモスクワ、その文化生活の営みは一時たりとも途切れる間がない程です。スペクタクル、コンサート、レクチャー、ショーなどさまざまな演目が街にあふれ、二四時間三六五日稼働している一種の大きな「カルチャー・ハブ」となってモスクワ市民一人ひとりの知性、心情、精神を新たな印象で満たしております。ですから、ほんの一五〇年余り前のモスクワが、事実上、田舎村に等しかったこと、急ぐことも知らない、のどかで、住民がみな顔見知りであったなど、想像もつきません。そのような土地では一つひとつのちょっとした出来事が激動をもたらし、それに関わった人物たちのことは何十年間も語り継がれていくのでした。

　モスクワの音楽生活にも例外の時がなかった訳ではありませんでした。大抵の場合、音楽が演奏されるとすれば、それは家庭内生活の域を越えることはありませんでしたし、音楽文化の担い手と言えば、それは主に外国からやってきた音楽家たちで、この土地にその多くが教師として住みつきました。また、ありふれた演目の日に帝室劇場を訪れる聴衆と言えば、実はロシアのあちこちの小さな町の代表たるお上りの人たちでしたし、あるいはこのいにしえの都モスクワに仕事で長居し、劇場ホールで暇を持て余している商人たちでした

確かに例外もありました。それはモスクワのクレムリンに戴冠式のため皇室ファミリーがお付きの者を従えておいでになられた時でした。その時は街中が大勢の人々、外交官、上級官吏の代表者、軍の将官、名門貴族の家族、聖職者……で大いに賑わいました。その何日間かモスクワの音楽生活は大きく様変わりし、たちまち活気あふれる所になりました。軍楽隊は通りという通りを行進し、楽士たちの合唱が客らを歓迎し、聖堂では教会の音楽が鳴り響き、あちこちの私邸の客間では音楽の夜会が幾つも催され、コンサートホールは聴衆で一杯になりました。そして帝室劇場では皇族方の御臨席の下オペラが上演されましたが、その出演関係者の中心は外国座の選ばれた者たちで侍従武官とともにこの街にやってきました。

しかし、やがて祝い事が終わると客人たちは散っていき、モスクワは再び眠りにつ

くのでした。

ところで「まったくの不毛の地」（G・ラロシュ）と呼ばれたこの街が世界で有数のもっとも目覚ましい音楽の都に変わる改革は一体、いつ始まり、なぜ生じたのでしょうか。そしてこの改革はどのように進んでいったのでしょうか。転換の震源にいたのはどのような人々なのでしょうか。そして彼らは一九世紀後半の時期になぜ成功を収めることができたのでしょうか。どのような音楽文化の活動家たちによってこの時期にモスクワの名が広く知られるようになったのでしょうか。多くの場合、彼らは言わば身内のロシア人だったのですが、ヨーロッパでの評判さえも獲得しモスクワ市民として、つまりモスクワの音楽伝統の天性の担い手として自らをみなし続けた活動家とは一体どのようなは人々だったのでしょうか。

このような問題について答えを見出そうとする試みは、これまでも何度となくなされてきました。そのことはロシアの音楽文化史に関心を寄せられる日本の皆さまは、ロシアの研究著作が日本語訳として数多く刊行されてきましたこともあり、その科学的な解釈についてのロシア的伝統をすでに良くご存じのことでしょう。

本書に示す内容は従来のものと違い次のような新しさを備えております。それは、モスクワ音楽史上の「知名度の高い」主人公ばかりではなく「知名度の低い」登場人物の活動にも光が当てられていることです。N・G・ルビンシュテインやP・I・チャイコフスキーのような偉大な作曲家や演奏家たちだけではなく、出版人、オペラの座長、教育者とその学生たち、さらにはアマチュアの愛好家たちまでもが登場します。著者は確信しています。モスクワの音楽が発展していく上で、取るに足らないような出来事など何一つありえませんでしたし、いてもいなくても良い人物など誰一人ありえず、あってもなくても良いというような提言や発信など何一つもありえなかった、と考えます。ですから一九世紀後半に起きた音楽の発展過程に心を砕き、それに関わろうとしたすべての人々の努力が総和したからこそ、モスクワの音楽文化が育ち揺るぎないものに成長したのです。共同して努力を重ねたからこそ成果が実感できるものとなりえたのです。

♪　♪　♪

私の研究は尊敬する広瀬信雄氏によって日本語訳となり、東京の出版社、明石書店によって公刊されるところとなりました。それは拙著の運命と、もちろんその著者である私の運命も根本的に変えてしまうくらい、うれしい出来事の一つとなりました。ロシアのモスクワで誕生した私の著作が、まったく別の負けず劣らず魅力的な文化世界に生きる同僚の目に留まったのです。それはつまり拙著の範囲内で考えていた研究課題が地域限定的な境界線を越えたということを意味します。そしてモスクワの音楽生活の歴史が遠く何千キロメートルも離れた所で読まれるということです。東京、横浜、大阪……の音楽界にお住まいの方々の意識や心情に呼び掛けることができ、また、在りし日のモスクワの真実を日本の皆さまにお伝えできました。のみならず現代をより明確に理解するために御手にされた歴史上の知識を活用していただくことができるのであれば幸いです。

もちろん自身の研究を皆さまにお示しできる機会に恵まれたことは私にとって大変な名誉であることは言うまでもありません。古文書館で何年にもわたってした仕事も、古びた紙誌類や一八六〇―八〇年代の人々が交わした書簡類を読み込むことも無駄ではなかったし、間違いなく実を結ぶことができたと信じる根拠となりました。いくら厚かましい私であっても自身の本が日本で広く知られて欲しいなどと言うわけにもまいりませんが、せめて同僚である研究者、音楽通の方々、音楽芸術ファンの皆さまにとって気を引くものであって欲しいと思っております。私にとってはそれが研究の真の最終的な成果となるでしょう。

デジタル技術の世紀、急激に変化していく世界は万能ではありませんでした。かつてと同様、多くの文化はお互いにとって「閉じられたまま」だったのです。それは自分自身についての情報を隠していたからではありません。互いの文化を読み解き、解釈し合うための共通の言語をしばしば見出せていなかったからです。本書が、世界に知られる大都市モスクワの過去の音楽世界について関心を持っていただく一つの試みになって欲しいと願いつつ、情報の透明度を高めるだけではなく知性と心情をさらに深く掘り下げ、その上で二つの偉大な文化が対話を継続し現実のものにする一助となりますよう切に望みます。

S・K・ラシチェンコ

目次

♪第１話　音楽都市モスクワの夜明け前

「まったくの不毛の地」と一九世紀五〇年代末から六〇年代初めのモスクワの音楽界を呼んだのは著名な音楽評論家G・A・ラロシュでした。このような決めつけ方はある意味、突出した物言いにも感じられるのですが、それは間違いなく一九世紀中葉のモスクワにおける音楽生活の特徴を言い当てているのです。

音楽家が自主的で創造的な人格として何かしらの社会的な意義とか独自の役割を持っていると言うことは、この頃のモスクワっ子たちには変てこな考えでどこか遠い所の話でしょう、と思ってしまうようなありさまだったのです。その原因はロシアの昔からの伝統に根付いていると言うことができるでしょう。音楽という職業は法によって認められているものではありませんでしたし、社会にとっては存在していないも同然だったからです。

しかしモスクワには、もう一つ独特のロシア共通の習慣がありました。一八五〇年代のモスクワ音楽界には、音楽を聴きたい者が音楽家たちと直に交流することや、創作の頂点を極めた音楽の大家と個人的に知己となることを良しとする信奉が相変わらず残っていました。モスクワっ子たちは自ら企画したコンサートのお知らせを人々に個人的に通知するというしきたりを守り、演奏家が自分の館にやってくることを歓迎しました。自分の責務と考えていたことは貴族階級のサロンや裕福な豪商の家々にチケットを配ることでしたし、コンサートの成功を担保できる唯一のことと言えば、演目が豪華であること、演奏家の面々に気前よく振る舞うことであると考えていました。

学生オーケストラの公開コンサートを行うという、ペテルブルグ都民の熱狂的な先導精神は、ここモスクワでは極めて冷ややかに受けとめられていました。そしてペテルブルグの試みを後追いしてモスクワでも学生オーケストラがつくられたものの（初演は一八四九年）、こういった行動への関心もすこぶる低調だったのです。

モスクワではコンサートが行われていなかったと言っているのではありません。ペテルブルグと同様、コンサートシーズンのピークは大斎期の日々でした。ちょうどこの時期になるとソリストたちがモスクワにやってきてアマチュアの楽団が演奏しました。

人々はまるで「お祭りの楽しみ」の一つかのように接したものでした。大衆の心を引きつけ、ときめかせたのは「マイアベーアの新作『たいまつの舞』を八台のピアノを連弾で一六名の演奏者が弾く」のを聴くことか、S・I・シュトゥッツマンの指揮で演奏を聴きF・ダヴィット作『修道院』の活人画の舞台を見ることでした。

まじめなクラシックの曲目はモスクワ市民の心をあまり揺さぶるものではありませんでした。それに対しての批判的な発言が何回となくあったにもかかわらず、モスクワっ子たちは大体において無関心で、大方の人々の音楽的視野はけっして広いものではなかったのです。

N・D・カシキンは次のように回想しています。

「当時、街の生活の色調を定めていたのは、主に秋と冬の何か月間かモスクワに来て過ごす都市貴族たちだった。……略……モスクワの商人階級は当時、まだ社会生活上の目立った役割を果たしていた訳ではなかった。……略……モスクワ社会の中産階級は当時まったくと言っていいほど目立たなかった。というのも彼らがいたのは閉じられた世界であり、役人、教員として従事しているのがせいぜいのところだった。音楽生活という社会などないに等しかった。コンサートと言えば、それは専ら帝室劇場のことで大斎期と決まっていたのだ。交響楽のコンサートはまったく存在せず、例外的にボリショイ劇場で大斎期の祝日に活人画によるコンサートがあっただけである。確かにもう一つ大学生のコンサートがあるに

19世紀後半のボリショイ劇場（1896年ニコライⅡ世戴冠時）

はあったが、その楽団は主に学生によって編成されるものであり、調子が合うことはめったになく、そのような楽団の演奏が、その時点での最も寛大な聴衆たちでさえ満足させることなどできるはずもなかった」

（「五〇年間の活動概要」一九一〇年、九―一〇頁）

事実、一九世紀中頃のモスクワ音楽界には能動的にコンサートを開こうとする準備が整っていたとは言えませんでした。ですが、そのことに何の不便も感じていなかったのです。それどころか住人たちは自分流の筋の通し方やいつもの習いといったことや、自分たちモスクワ住人ならではの音楽的味覚を誇りとし、自発的であろうとなかろうと自らを絶望的な「音楽の改革者」の最たるもの、と見なすまでに至っていました。

ロシア社会の文化的な住民層によく知れ渡っていたのは次のようなことでした。この時期モスクワっ子たちの音楽的な熱中と言えば主にオペラ劇場であること。その興行には人もうらやうむほど足繁く熱心に通っていたこと。それには必ず参加するものと思っていたこと。まるで日常の心配事から逃れ精神的な安らぎと楽しみ与えてくれる望み通りの避難所としてオペラ劇場に駆け込んでいたこと。それが当時の姿でした。

一八四三年、ボリショイ・ペトロフスキー劇場の建物が大改修された後、人々はここに楽しみを求めて来るようになりました。一新されたインテリア、洗練された装飾、周囲に広がる心地良い雰囲気、これらは人々の集い、男女のちょっとした触れ合い、軽やかで上品な語らい、といったものに誘ってくれました。人々は「時間を止める」ために、衣装を見せびらかすために、そして知った顔に合うために、やがて帰宅してから家の客間でゆっくりかみしめながら味わった印象の余韻を楽しむために、ボリショイに足を運んだのでした。ところがやってくる人々は音楽自体に対しては遠巻きに接する態度をとりました。劇場の幹部もこのことはよく自覚していました。

この時期モスクワでのロシアオペラの活動と言えばアレクセイ・ニコラエヴィチ・ヴェルストフスキー（一七九九―一八六二）の志向とセンスによってかなり方向が決められていました。有能な音楽家であり、その頃ボリショイ劇場の舞台で成功を収めていたオペラ『アスコリドの墓』（台本M・ザゴスキン）、『ワジム、あるいは眠れる12頭のライオンの目覚め』（台本S・シチェヴィリョフ）、『パン・トゥヴァルドフスキー』（台本ザゴスキン）の作曲者であったA・N・ヴェルストフスキーは自らが繊細で経験豊かな企画者たる能力を大いに発揮し、ペテルブルグの帝室劇場の独裁的な管理者とモスクワの権力者の希望と自身の美的な好みとの間を巧みに舵取りしていたのでした。

聴衆と観衆を熟知し、人々の相手をすることを迫られていたヴェルストフスキーには管理者として確信がありました。舞台上での奇跡、劇場の機械装置、難しすぎない音楽、そういったものが観衆を引きつけるより良い手段となるのだ、と。しかも入場料のあがりから考えても当たらずとも遠からずというところだ、と。官僚的なヴェルストフスキーの政治学はオペラの座長S・シチェーピンや多くの団員たちに支持され確かな成果をもたらしました。ボリショイ劇場の興行の様子は日に日に知れ渡っていきました。

こうしてモスクワの大衆は一八四五年に上演されたV・I・ジヴォーキンの魔術物おとぎ話のボードビル『ザゼジゾズ』を熱狂的に受入れました。それはトルコの高官パシャの変身が胴体のない頭と遭遇してみたり、トランプカードの帝国を知るかと思えば、チェスの島を訪れたり、絨毯で空を飛んでみたりと、次々にいろいろなことが起きていく話です。

一八四九年には人々が飽くことなくまじめに批評し合い続けたボードビルがありました。それはP・シチェーピンの寄附によって催された夢幻劇でユニークな音楽万華鏡というべき『金髪の美女』でした。

またモスクワっ子たちは古い興行のリバイバルを大喜びで迎えました。『レスタ、あるいはドニェプル河のルサルカ（曲S・ダヴィドフとF・カウエル、台本K・ゲンスレル）より第4部とか、K・カヴォスの『勇士イリヤ』と『透明人間侯爵』などです。（ルサルカは髪の長い人魚のような水の精＝訳者）

魔術物のオペラ、とりわけ復活興行としてのそれらはボリショイ劇場の仕事としては「すべることのない出しもの」でした。ヴェルストフスキーは次のように書いていています。

「モスクワは御婦人たちに評判だ。『透明人間』と過ごした青春時代の在りし日々を楽しく思い出さない御婦人などいらっしゃらないであろう。若い世代は、すでに低俗化してしまっている古いモチーフには眉をひそめたりするものだが、御婦人たちともなれば……略……、偉大なる物好きになるのだ」

（ゴーゼンプード『一九世紀のロシアオペラ劇場』レニングラード、一九七三年、二八七頁より）

もちろんモスクワのオペラ舞台では、もっと中味のある作品も取りあげられていました。四〇年代モスクワっ子たちは次のような作品を知るチャンスがありました。M・I・グリンカのオペラ作品、A・S・ダルゴムィシュスキーの『エスメラルダ』、G・ドニゼッティ（台本F・ロマーニ）の『ルクレクツィア　ボルジュ』、ヴェルディ（台本E・スクリーブ）の『質屋』、それにイタリア語のオペラ、D・オベール（台本スクリーブ）の『フェネッラ』（オペラ『ポルティチの唖娘』より）などです。

しかし、これらのすべてがモスクワの大衆のほとんどを虜にしたというわけでもありませんでした。特殊効果に夢中になって喜ぶ者もいれば、軽くて格式ばらない楽しみの定番としてこの音楽に接する者もいましたし、人それぞれに楽しみ方がありました。『それは薬さ！』『魔法にかけられた王子様』『魔法のコカリコ』というような類いの、ありとあらゆる夢幻劇は目を楽しませ耳を慰めてくれました。ボリショイの舞台では毎晩のように軽薄さを開けっ広げで売り物にするような同じ類いの音楽劇作品ばかりだ、というイメージが生まれてしまいました。思うに本物の音楽マニアが聴きに行きたくなるような美的なまどろみ、うっとりと心を揺るがすような演奏は、モスクワには何もなかったのです。

♪第2話　ボリショイ劇場の焼失と復興

一八五三年の三月、どんよりした朝の目覚めがその始まりでした。言ってみればそれはゆるやかに流れていたモスクワの音楽生活にとっては最後の事件だったのでしょう。

……あわてふためくような鐘の音、騒音、叫び声、通りを往き交う馬車が激しくきしむ音、何千とも思える人々が興奮しているがやがや声……そのような中でこの街の、その日が始まりました。

ボリショイ劇場が燃えていたのです。

その知らせはまたたく間に伝わりました。炎が舞台を包んでいました……客席にも炎が……何百人ものモスクワっ子が現場をめざして駆け付けました……。

それから数時間後、次第に様子が分かってきました。古き良きボリショイは破滅したのです。建物内の木製部分は、脇のホールと券売場や事務所、ビュフェがあった地階を除いてすべてが燃え尽きてしまいました。まだ石造りの壁とポーチの円柱あたりはくすぶっていましたが状況は歴然としていました。損失は壊滅的な規模に及ぶものでした。何百人ものモスクワっ子たちの目に入ってきたのは、炎の中で焼失した、もう二度と戻らない数々の焼跡でした。一八世紀末から収集されてきた衣装もろとも収

ボリショイ劇場の火災（1853.3.11）

納部屋が、二〇―四〇年代の画家たちによる装飾が、一座に伝わる文書コレクションが、そしてA・N・ヴェルストフスキーが収集した譜面資料の一部も貴重な楽器類も、すっかり焼失してしまったのです。

その当時の人々は損失した焼失物の価値を、劇場の建物自体を除いたとして約一〇〇〇万ルーブル銀相当と見積もっています。しかし物的な損失だけでことは済みません。数日間で滅びてしまったのは長年モスクワっ子が大切にしてきた真心と変わらぬ愛情でした。

年月を超えて馴染んできた「文化的な心地良さ」が失われてしまいました。

ボリショイ・ペトロフスキー劇場の非業の死を目撃していた人物は、このように書き残しています。

「……私たちには思えたのです。目の前で亡くなった物は、私共が愛した人間で、私共に最もすばらしい考えや思いを分け与えてくれていた人間だったのだ、とね」

（「サンクト・ペテルブルグ報知」一八五六年、二二〇号）

多分そのような訳で新しい劇場を建設する決定がすぐになされたのでしょう。それは、これまでと同じ場所に建てるという再建案でした。実際すぐにそのために必要な金銭源の問題とか、ごく短時間で困難な課題を解決できる専門家選びが始まりました。

再建計画は一八五五年五月十四日に確定され、同じ月のうちに広場は木材で埋まりました。仕事の速さは二一世紀からみてもうらやむ程でした。一年と四か月で劇場は新しく建てられたのです。

建築家A・カヴォスはかろうじて残存していた以前の建物のうち外壁と正面の円柱

を利用することにしました。以前の設計を保ちつつ高さを増し比率を変更し建築上の装飾はすべて新しく造り直しました。カヴォスは客席ホールと外壁制作にかけては偉大な達人であり、またヨーロッパの優れた劇場建築家とも知り合いであり、ホールの音響的、光学的な可能性やその照明装置をすっかり改善することができました。

建物の大きさは先代のものも当時としては破格な規模でしたが、火災の後にはさらに大きな劇場になりました。全体としての高さは三六・九メートルから四〇・七メートルになり、ポーチの高さは二三・五メートルから二四・五メートルになりました。実際の円柱の高さは若干低くなり一五メートルから一四・八メートルになりました。

建物の正面も変わりました。劇場を飾っていた以前のアラバスターのアポロン神は火災で焼失していました。新しいものを造るにあたってカヴォスは著名なロシアの彫刻家P・クロットを招きました。この人物はペテルブルグのアニチコーフ橋に、あの名高い四頭の馬像を造っています。合金を鋳造し電気メッキで赤銅に輝き、サイズも大きくなり（高さは六・五メートル）、四頭馬車はポーチの屋根の台座上に配置され奥深い印象を醸し出しています。

今日新しいモスクワのボリショイ劇場はヨーロッパで最大のものと見なされる権利

がありますが、多くの点で、ナポリのサン・カルロ、ミラノのスカラ座、ヴェネツィアのフェニーチェというようなヨーロッパの巨大劇場を凌いでいます。

この建物の外見は内装の仕上がりにも特別な色調を求めました。客席ホールは限りなくきらびやかにそれと同時に軽やかに造られていますし、ヴィザンチンスタイルとルネッサンスのセンスが混ざりあっています。白の色調、貴賓席内部には金色で飾られた真紅のドレープのひだがすばらしく、各階には多様なしっくい仕上げのアラベスク、そして客席ホールの基本的な効果をなす、三列重ねの灯明と水晶で飾られた大燭台でできている巨大なシャンデリア、これらは人々の目を喜ばせ、すべてをうならせるものでした。

彫刻作業は名工シェヴァルツが行い、特別な装飾が施された手すりの彫りとレリーフを制作したのはアフトムとその二人の兄弟で、壁画を担当したのはアカデミー会員A・チトフでした。ユニークなのは客席ホールの吊り天井の彫刻で、それは太陽神アポロンとさまざまな芸術の庇護者であるミューズたちに捧げられたものでした。チトフが描いたものは一〇〇〇平方メートルに及び想像を超えたものでした。

新しい劇場の緞帳もレジェンドとなりました。それはヴェネツィアの画家コズロ

新ボリショイ劇場

現在のボリショイ劇場
内部

再建直後のボリショイ劇場
内部（1856 年）

エ・デュージ教授によって描かれたもので、もはや装飾画の域を超え、むしろ細部の細部まで完成されている巨大な絵画と言うべきものでした。

その都市の歴史上のエピソードを大劇場の緞帳に描く、というイタリアの伝統に従ってボリショイ劇場の緞帳にはモスクワの歴史上、最も重要な年の出来事が選ばれました。それは一六一二年の出来事です。ボリショイにおいてそれはM・グリンカのオペラ『皇帝に捧げし命』という合い言葉としての効果を生み出しただけではなく、特別な音調で響きわたるグリンカの『皇帝に栄えあれ』の勝利の音楽を常に想起させるものとなりました。

モスクワっ子は建築が進んでいく様子に目を凝らしながら、すばらしい結果を期待して見守りました。とびきりの物好きたちは進取の気鋭に富むあまり内部にまで入り込むチャンスをうかがっては、自分が情報通であり、また新しいボリショイの運命に自らが「関与」したことを誇るためのネタを得ようとしました。

一八五六年八月二十日、新たに復興したボリショイは華々しく御披露目の日を迎えました。皇帝ファミリー、諸外国の代表者、モスクワの貴族階級は、この日、新劇場で祝賀の時を迎え、イタリア歌劇団によるV・ベッリーニのオペラ『清教徒』を上演する歌手たちの珠玉の声に酔いしれました。

かねてよりイタリア人に対してはよそよそしくしていたモスクワっ子の態度は、この日の上演によって一変してしまいました。イタリアのオペラ、贅を尽くしたホール、立派な身なりの聴衆といった諸々のことが、今進行していることを「文明開花」という格別なオーラで包みこみ、ロシア人は「ヨーロッパ人種」に完全に属しているという自信を醸しだしたのです。

すべてがとてつもない勝利となりました。典礼服、豪勢な盛装、上流貴族社会なりの四角四面な立ち居振る舞い……。勲章やメダルの輝きは、まばゆいばかりの貴金属や宝石と相まって、客の顔には活気がみなぎり、慣れ切った日常の生活には戻らなくて良いのだという隠しようもない喜びがあふれていました。

しかし勝利の時というのはよくあるように変転の知らせでもあるのです。

いかに祝典行事が派手に行われたとしても、そしてその反響がいかにモスクワ社会のさまざまな所で広まっていったとしても、それが明白にしたことはただ一つに過ぎませんでした。それはつまりモスクワのオペラ生活の古い歴史が終了したことを際立たせただけでした。それはもう元には戻らないのです。ボリショイは別の劇場になったのです。それは以前とは別の生活、別の創作者、別の聴衆のためのものになったのです。モスクワっ子たちは立ち所にそのことを感じとりました。

このような感情に至る上で役割を果たしていたのは一体何であったかを確かめるのは今となっては難しいことです。時代のせいなのか、何かの事情なのか、ヒーローがいたのか……言えることは、多くの要因が重なっていたことでしょう。結局は、国民的な自己感情が性質を変化させたことなのでしょう。また新しい時代とともに新しい考えや新しい理想が生活面でも熟していったのでしょう。ボリショイなしでも三年間は生きていけるさ、と覚悟していたことでさえも何かしら影響したのかも知れません。マールイ（小）劇場の舞台でたまに開かれるオペラで満足するという程度の、ぽかんと空いてしまっていた「文化的なニッチ」を埋める手段を人々は見つけていたのでした……。

その後も復興した新ボリショイ劇場では、おとぎ話オペラや陽気なオペレッタが長い間続けられていましたし、ありそうもない奇跡話や美しい魔女、一寸法師、勇敢な英雄の物語がずっと長いこと上演されていたのですが、すればするほど空席が目立つようになり、明らかになったことがありました。それはこのような娯楽の時代は去ったということです。

　という訳でF・フロトフの『マルタ、あるいはリッチモンド市場（台本V・フリードリヒによるA・サン・ジョルジュのパントマイム『レディ・ガリエット』から）が上演されたことがモスクワの古きオペラの生活史にピリオドを打った終和音と言うことができるでしょう。仮想の端役が面白く変身していくという流れがポピュラーになりすぎたので、これらのヒーローへの芝居好きたちの愛着を考慮しながらもマールイ劇場の舞台ではパロディ物が上演されるようになりました。（それは茶番の茶番であるのですが）『マルタ』へのパロディとして『そしてマルタ、あるいは思い出のための諸々のこと』というような題目がつけられたりしました。

　しかし、これはこのような類いの作品に寄せるモスクワっ子の最後の一波にしか過ぎませんでした。モスクワに住む人々の音楽的な関心のヴェクトルは、そのようなオペラからますます離れ始めていくのです。

　モスクワの音楽愛好家たちは、以前にもまして執拗に新しい音楽生活の形を求めました。彼らの探求心はとにかく多様で期待が前のめりになっていました。その中にはロシアの「空想主義者」が多くいました。もっと大勢いたのは「モスクワ不精」の旦那連で、何かをしようとか、夢を現実に変えようとかする人々ではありませんでした。若くて精力的であったレフ・ニコラエヴィチ・トルストイ伯爵でさえ、モスクワの精神性が生み出す唯一無二の不活発を克服できなかったのです。彼が打ち出したモスクワに室内楽協会をつくるという提案は、都会人のために良いコンサートを行うという内容でしたが、実現することはなく、そのままになってしまいました。加えて一般的な願望と繁文縟礼では何事も動かなかったのです。

しかしこの提案のおかげでモスクワの音楽生活の舞台の最前面には、この都市の音楽文化の実りある改革に関して格別であり余人をもって替え難い人物ニコライ・グリゴリエヴィチ・ルビンシュテインの名が初めて轟き始めました。

この名前が以前にはモスクワっ子たちに知られていなかった、ということでは決してありません。まだ子供だった頃、ニコライ・ルビンシュテインは、しばしば音楽愛好家の注目の的であり根強い人気を集めていました。このような注目の背景には幾分かは兄であるアントン・ルビンシュテインに負うところが多かったのでしょう。彼こそルビンシュテイン家の音楽的名声の立役者です。

アントン少年の非凡な音楽の才能については当時から多くの人が語っています。まだ一一歳でアントンは自身最初のヨーロッパ客演に向かいました。モスクワは息を殺すようにしてこの少年のヨーロッパでの成功を見守っていました。そしてもちろんモスクワの音楽的天空にルビンシュテイン家出身の新しい星を尋常ならない好意を持って見ていたのでした。

しかしモスクワ室内楽協会の創設に関わって唯一の、然るべき人物としてニコライ・ルビンシュテインが抜てきされるには、まったく別の理由があったのであり、アントンと兄弟であるという関係がさほど大きな意味を持っていた訳ではありませんでした。しかし、これらの理由や事情を理解するために、ここで少しばかり本筋から脱線しなければなりません。

♪第3話　ニコライ・グリゴリエヴィチ・ルビンシュテイン

（一八三五―八一）

兄のアントンとは違って弟ニコライ・ルビンシュテインは生粋のモスクワっ子でした。旧ザモスクヴァレーチエ街にあった家で一八三五年六月二日（新暦では十四日）に生まれ、子供の頃から他でもないこの都市のすばらしいオーラに包まれて育ったのです。

モスクワとの最初の出会いは、まさにこの地区から始まりました。幼いニコライは疲れ知らずの子で父や兄といっしょに町の外れの閑静な人気《ひとけ》のない通りを散歩したものでした。この辺りではどの家にも菜園や庭があり、それは、上部を釘留めされた板の塀で通りと仕切られていました。塀に沿ってトーポリ（はこやなぎ）やアカシアや西洋梨の大木、りんご、そしてライラックや野ばらの低木が育ち、どこまでも花一面の絨毯が続いていて、モスクワの閑静な一角を季節の花の庭園と変え、緑に埋もれる街並みに変えていました。

大人たちといっしょに子供たちも本当の旅に出かけることもありました。両親やその隣人は屋根付の四輪馬車を用意し、みんなでジェヴィチエ・ポーリェやザプチェプに向かい、オルディンカに沿ってカルージュスキー門を越えドンスキー修道院に行き、ヴォロンツォフ・ポーリェやタタール村に行ったものでした……。

母とルビンシュテイン兄弟

でも家に戻ることも常に喜びでした。

ルビンシュテイン家には他にはないような雰囲気が漂っていたのです。そうです。家族一人ひとりが他人を引きつける魅力を持っていました。音楽の才能に恵まれた二人の子供がいて、その能力は当時の専門家らによって認められていました。その両親には、ある種の「秘密」や「特別のメソッド」があって、短期間でかくもすばらしい才能を引き出せたのだと思われていました。

その「秘密」を多くの人は見破ろうとしました。でもそれから何年も経ってからのことですが、弟ニコライは兄弟二人が音楽的才能を開花させるために費やした代償についてようやく重い口を開きました。それは驚くほど簡単なことでした。生まれ持った才能があり、それを日々大人が厳しくコントロールし、休むことなく発達させていく、というものでした。これこそアントンとニコライの兄弟が音楽的に輝かしい成功を収めた地盤であったのです。

ニコライは、こう回想しています。

「私たちを、つまり子供たちを冬でさえ朝六時に起こしました。カップ一杯のミルクが済むとピアノに向かい、定められた時間ピアノを練習しなければなりませんでした。母は隣の部屋で腰かけながら仕事をしていましたが、そこからは小さな窓を通してピアノが見えるようになっていました。部屋は朝まだ寒いこともあり、時には眠気に襲われることもありました。すると窓をコツコツと叩く音が聞こえ、そして、はっ、として瞬時に居眠りから覚めました。なぜなら、このコツコツ音は、それだけでは済まないことをすでに知っていたからです」

（カシキン『ルビンシュテインの想い出』「ロシア評論」一八九七年）

少年は驚くほどの速さで成功を成しとげました。この子の音楽的な才能の崇拝者の一人にヨーロッパの巨匠、作曲家で名演奏家であったフランツ・リスト（一八一一―八六）がいたことを述べるだけで十分でしょう。すでに当時（客演コンサートで）兄アントン・ルビンシュテインの才能を知っていたリストは一八四二年自らのモスクワ旅行の際、七歳の弟ニコライのことにも関心を持ち、この若き音楽家を励ましたのです。

一八四三年、モスクワの多くの聴衆の前でニコライ・ルビンシュテインは最初の公演を行いましたが、その少し後でペテルブルグでも音楽芸術通を相手に公演が行われました。批評家たちはルビンシュテイン兄弟の音楽的な才能を絶賛し、二人のそれぞれの才能がどのようにして創造的に形成されていったのかについて比較することに余念がありませんでした。

事実この二人には似たところが非常にたくさんありました。でも異なっているところも少なくなかったのです。ニコライの方は兄よりもかなり早くから作曲活動に関心を示しはじめました。当時兄アントンは作曲能力のための学習は控えめでしたが、弟ニコライは絶えず作曲をしていました。特にそのことを証明しているのは現存している学習ノートです。しかし時とともに（音楽的な発達とは逆説的と言えますが！）ニコ

アントン・ルビンシュテイン

ライは事実上、作曲の試みからは遠ざかっていきます。その一方アントンは作曲者として積極的に実りある仕事をし、とりわけヨーロッパ中で名声を得るような大曲の創作者となりました。

ニコライは性格の点でも兄に比べ非常に厳格で、活動の系統性とか秩序を直感的に追求しようとしました。

しかし記者たちはセンセーションを求めてアントンとニコライを比べながらも、とりわけ弟に見られたモーツァルトに良く似た早熟性に目を向け、非凡の大音楽家が再来する可能性を証明しようとやっきになりました。今度はロシアで、と。

批評家が書いているように、背丈はまだ低く幼いニコライはペダルに足が届かず、小さな手でやっとのことオクターヴをカバーしていたのですが、人がうらやむほど上手に多く難点を克服しました。注目すべきは「彼の指のもとでピアノが歌い出す」ことでした。彼は渡された譜面をびっくりするほど早く深く読むことができました。そして音楽について考える力は驚異的でした。

母と兄といっしょに出発した自身の最初のヨーロッパ旅行でしたが、ニコライ・ルビンシュテインの放つ天才のオーラは一層際立ってきました。パリではショパンと出会いがありましたが、ショパンはニコライのピアニストとしての才能に感激しました。ベルリンではメンデルスゾーンとジャコモ・マイアベーアと会いました。この二人の助力がなかったとしたらニコライは高度な演奏技術や音楽理論を完璧に学びとることも、ヨーロッパの傑出した音楽教師に学ぶこともなかったでしょう。

しかし予期せぬ家庭事情からニコライと母はモスクワに帰国せざるを得なくなりました。父の病気が思わしくなかったのです。それから数か月後、父グリゴーリー・ロマノヴィチ・ルビンシュテインは亡くなりました。

一家は窮地に陥りました。遺された蓄えも瞬く間に消えていきました。新たに生活を建て直さなければなりませんでした。

ニコライは再び学習に戻りました。しかし今度はモスクワで、でした。A・I・ヴィルヤンのレッスンを受けたのですが、進歩が非常に速かったのでこのベテラン教師は、自分の生徒をすでに完全に独り立ちしている十分な音楽家であると見なし、一三歳の少年の教育を修了させました。

一八四七年から四九年にかけて先生とともにニコライはロシア内の都市を巡る最初の客演旅行を行いました。モスクワでもこの若き音楽家のコンサートが何回も催されました。

しかし安定した収入を得たいという要求が自らの生活状況を形づくっていきました。家庭での生活は苦しくなる一方でした。やがてこの少年はまだ一四歳でありながらピアノ教授を始めたのです。最初は個人宅で、さらには母が学監として仕事をしていた女学校でも始めることになったのです。

しかしながら自分の運命をことごとく音楽に結びつけてしまうことは、かなりリスクの高い企てでもありました。コンサート活動からの経済的な利益が、はかないものであることは最初から明らかでした。まして目の前には兄アントン・ルビンシュテインの芸術経験の重さがありました。

一八四八年の秋、すばらしい新聞批評と空っぽになった財布を持って兄アントンは国外から帰ってきました。そしてロシアには社会的に意味のある安定した仕事が無いという事実に初めて直面したのです。

弟ニコライはこのような複雑な事態を考え、自らの選択において慎重にならざるを得なくなりました。つまるところ何らかの「予備手段」が必要であると。大学教育を受けること、それはいずれにせよ未来を保証するものとなりうる。そして必要な場合にはルビンシュテイン家の次男の主要な職業になりうると。

こうして一八五一年、ニコライ・ルビンシュテインはモスクワ帝国大学の法学部に入ることになりました。新たな伝記の始まりでした。

一六歳のニコライは、たちまち心が引かれてしまうのです。友人たちと酒盛りすることがどんなに楽しいか、逆に絶食をしてみることがどんなに面白いことか、夜通し生きる意味を語り合うこと、社交界パーティに参加してはレディたちから評判をとることが、どんなに心引かれることなのかを知ったのです。

ここで記したような当代の学生諸氏にとって標準的とも言えるお決まりの生き様に加えて、T・N・グラノフスキーやS・M・ソロビヨフの下で権威ある大学の講義を緊張しながら学び、考えを同じくする仲間たちとサークルのように交流を続け、さらにモスクワの名家をめぐってコンサート活動をしいていたことを合わせて考えるならば、ニコライ・ルビンシュテインが大学時代に何を、どのようにして学んでいたのかについて私たちはイメージを持つことができるでしょう。

貴族界の社交パーティや夕会では、この若き学生の運命を多くの点で決定してしまう出会いがありました。ある集いでニコライ・ルビンシュテインはエリザヴェータ・ドミートリエヴナ・フルシチョーヴァに会いました。富豪の領主で高級役人でもあった人物の娘でした。彼女はニコライよりも年上で経験も豊かで彼をすぐにのぼせあがらせてしまいました。出会って何か月もしないうちに若者は求婚し、同意を得ることになったのです。身内からの不満と母の求めをよそに、二〇歳のニコライ・ルビンシュテインは大学の最終試験を通過するや否や三〇歳のエリザヴェータ・フルシチョーヴァを妻にし、おそらく自分自身にとっても突然の成行きだったのでしょうが家長となりました。

後になってニコライ・ルビンシュテインが語っているところによれば、当時自分はまだ少年っぽい片意地や軽率さのせいで愚行をくり返す一九歳の新郎であり、どのようなことをしていたのか思い出すと至極憂うつになってしまうのでした。完全に人事不肖状態に陥って音楽に没入していたニコライは、花嫁の両親が示すあらゆる条件をのんでしまったのかもしれません。つまりそれには人前でのコンサートは永久にやめて欲しいという強固な要求も含まれていたのです。というのも四等文官（国事正参事官）の父D・M・フルシチョフは、人前で演奏をすることによって生活費を稼ぐような者に娘を嫁にやることはふさわしいことではないと考えていたからです。

若夫婦は妻の両親の元に同居しました。しかも妻エリザヴェータは自由に出費を重ねたにもかかわらず、家計費はニコライ・ルビンシュテインがすべて自分で持ちました。お金を得るための、まるで熱病にとりつかれたような、そして屈辱的な生活が始まってしまいました。ニコライがお金を稼ぐ方法はたった一つしかありませんでした。それはピアノのレッスンをすることです。当時彼は夜明けとともに起床し、朝八時から夜遅くまでレッスンをして回り、へとへとになって家に戻ったのです。

大変な努力の代償として彼は一レッスンするごとに三ルーブルを得、一年間で七〜八〇〇〇ルーブルを得ることに成功しました。単純な計算をしてみれば分かるように、ニコライ・ルビンシュテインは毎日八つ九つのレッスンをこなさなければなりませんでした。でも実際、日々の仕事量はもっと多かったのです。日曜、祝日それに休暇の時期になると仕事量は約二倍に増えました。

しかしこのような、すさまじい限りの熱心さと至って割の合わない仕事ぶりは自分のプラスにもなったのです。ニコライ・ルビンシュテイン先生は次第にモスクワ中の音楽愛好者や音楽通に良く知られるようになっていきました。もちろんのこと、こうした知名度の広がりに一役買っていたのは、あの四等文官フルシチョフの娘婿を自分の家の音楽教師として招くことを「好ましい作法」と心得たモスクワの資産家たちが身につけていたある種、紳士気取りとも言える習慣でした。でも、もちろんそれが主な理由ではありません。ニコライの、音楽に対する衷心からの愛情、そして年齢、性格、能力レベルに関係なくどんな教え子にもピアノを教えるスキル、加えて天才少年ニコライとしてのつい最近までの栄光といったものが、モスクワのさまざまな家庭が音楽家を迎える扉を開き、この若々しいルビンシュテイン先生を求める一種の「流行」を生み出したのです。

でも、それに応えることによって教え子の数が増えれば増えるほどニコライ・ルビンシュテインは、はっきりと理解するようになりました。貴族階級や商人階級の家々でピアノをレッスンすることは、地獄への道を敷くことになるのだと。教師ルビンシュテインとしての人気は注目すべきことでしたが、それは同時に仕事の邪魔でもありました。教え子の人数が増えたことの必然と結果として仕事がぞんざいになったり通り一遍になったりしました。教師にこのように大きな負荷がかかると深味のある重要な知識や確実な習熟を形成することはできなくなってしまうのです。

いずれかの出口を見出さなければなりませんでした。当時のロシアの条件下で一つだけできることがありました。それは官立の教育機関で仕事をすることです。目指す職を得ようと試みを重ねて、ついにニコライ・ルビンシュテインは全寮制女学校の教

ニコライ・ルビンシュテイン

師の口を得ました。

一八五七年の夏、ニコライ・ルビンシュテインはニコラエフスキー孤女学園の専属音楽教師の職に落ちつきました。そこは両親を亡くしてしまった高級軍人や市民の娘たちを受け入れる全寮制の学校です。思うに個人レッスンのすべてをやめたわけではなかったのでしょうが、少しは整理したことでしょう。ある程度の安定状態は得られました。

そして同じ頃明らかになったのは、エリザヴェータ・フルシチョーヴァとの性急な結婚の土台がいかに脆いものであったか、ということでした。若い夫婦の結びつきを揺るがしたのは経済的な困難さだけではありませんでした。この結婚は、それぞれが自分で描いていた優先すべき生活圏が一致していないものでした。

ニコライ・ルビンシュテインは芸術家として自由に生活するために生まれてきました。コンサートへの欲求、ステージへのあこがれ、「劇場依存」は彼にとっては一種の麻薬のようなもので、それ無しでは空虚で無意味な生活になってしまうのでした。フルシチョフ家との約束通り、公開コンサートで客を前にした演奏はやめにして、ごく内輪の音楽愛好者サークルで演奏することを提案しました。このような音楽形態は当時のモスクワではほとんど普及していませんでした。

私邸コンサートではルビンシュテインは大抵アンサンブルの一員として出演しました。客の音楽愛と要求は非常に大きく、ニコライ・ルビンシュテインは聴衆にあまり知られていない曲目の演奏も用意しました。ふつうこのような出演情報は新聞に載りませんでした。「モスクワ報知」に次のような記事が見られるのもめったにないことだったのでしょう。記者はこう書いています。

「今冬期（一八五七・五八年）において一度ならずクラシック音楽で、我が国の最も優れた芸術家の演奏を楽しむ機会があった。だが、これは閉じられたサークルで催されたものであるが故に私共はそれらについて批評することができないのだ。今節音楽の世界で、しばしばルビンシュテイン氏のことを耳にするのだが、同氏は最近大いなる成功を収めている。氏は我々が見守る当地で伸び成長したのであって、承認を受けるためのヨーロッパ遠征さえもろくに行ってはいない芸術家なのである……」

（一八五八年三月十一日）

しかしニコライの妻の眼には夫の消しようもない恐怖が、ばかばかしくこっけいに映っていました。三年後、同居生活は双方の同意によって終わりを告げました。しかし結婚は解消されませんでした。人生最後の日までニコライ・ルビンシュテインは公文書上、E・D・フルシチョーヴァの夫であり続けました。

ちょうどこの頃ニコライ・ルビンシュテインとトルストイの最初の出会いがありました。トルストイ伯爵は、どこかの私邸音楽会でこの音楽家の演奏を聴いたのでしょう。二人はモスクワ室内楽協会の学校のことをいろいろ考えていて知り合いになりました。

この企画がうまくいかなかったことは残念でしたが、それは象徴的な出来事でした。ニコライ・ルビンシュテインにとってはこの企画に参画できた事実自体が、すなわち可能性のある組織者として自分に注目がなされたという事実が、著名な音楽活動家として自分が要請されている印であり、そしてまた変化への期待が自分の名前と結びつけられている合図であったのです。そしてその変化の気運は文字通りロシアの空気にみなぎっていました。「モスクワの空気」も変化への期待で満ちあふれようとしていました。

♪第4話　ルビンシュテインの挑戦

一八六〇年の秋をモスクワの音楽界は、以前と同じように静まりかえったまま迎えました。春が来てモスクワに帝室音楽協会の支部ができるという知らせが届けられた後も、この街の日常のありふれた日々は活気づくことはありませんでした。秋になる頃には、この新しい出来事もすっかり忘れさられてしまいました。そもそも帝室音楽協会なるもの自体を知っている人など少なかったのです。実際、各紙は以前からペテルブルグに存在していた交響楽協会を母体として新たな音楽組織が誕生したという知らせを載せはしました。たとえばその主宰はアントン・グリゴリエヴィチ・ルビンシュテインであるとか、新たな指導体制を帝室ファミリーが保護しているとか、加えて昨秋には第一回交響楽コンサートが催され、明けて一八六〇年には室内楽の夕べが開かれるとかいった記事が見られました。

しかしこれらの出来事はモスクワからしてみれば大分離れている所のことでしたので、言ってみれば「別世界」のこととして、どこか遠い恵まれたフランスかイギリスで起こったことのように思われたのでしょう。しかしまもなく（多くの者にとっては突然に）ペテルブルグの新しい事件がモスクワっ子たちにとっても意味ある出来事になったのです。

郵便はがき

料金受取人払郵便

神田局
承認

6430

差出有効期間
2022年12月
31日まで

切手を貼らずに
お出し下さい。

101-8796

5 3 7

【受 取 人】

東京都千代田区外神田6-9-5

株式会社 **明石書店** 読者通信係 行

お買い上げ、ありがとうございました。
今後の出版物の参考といたしたく、ご記入、ご投函いただければ幸いに存じます。

ふりがな お名前	年齢	性別

ご住所 〒 -

TEL ( ) FAX ( )

メールアドレス	ご職業（または学校名）

＊図書目録のご希望	＊ジャンル別などのご案内（不定期）のご希望
□ある □ない	□ある：ジャンル（ ） □ない

書籍のタイトル

◆本書を何でお知りになりましたか？

□新聞・雑誌の広告…掲載紙誌名［　　　　］

□書評・紹介記事……掲載紙誌名［　　　　］

□店頭で　□知人のすすめ　□弊社からの案内　□弊社ホームページ

□ネット書店［　　　　］　□その他［　　　　］

◆本書についてのご意見・ご感想

■定　価　□安い（満足）　□ほどほど　□高い（不満）

■カバーデザイン　□良い　□ふつう　□悪い・ふさわしくない

■内　容　□良い　□ふつう　□期待はずれ

■その他お気づきの点、ご質問、ご感想など、ご自由にお書き下さい。

◆本書をお買い上げの書店

［　　　市・区・町・村　　　書店　　　店］

◆今後どのような書籍をお望みですか？

今関心をお持ちのテーマ・人・ジャンル、また翻訳希望の本など、何でもお書き下さい。

◆ご購読紙　(1)朝日　(2)読売　(3)毎日　(4)日経　(5)その他［　　　　新聞］

◆定期ご購読の雑誌［　　　　］

ご協力ありがとうございました。

ご意見などを弊社ホームページなどでご紹介させていただくことがあります。　□諾　□否

◆ご 注 文 書◆　このハガキで弊社刊行物をご注文いただけます。

□ご指定の書店でお受取り……下欄に書店名と所在地域、わかれば電話番号をご記入下さい。

□代金引換郵便にてお受取り…送料+手数料として500円かかります（表記ご住所宛のみ）。

書名	冊
書名	冊

ご指定の書店・支店名	書店の所在地域 都・道　府・県　市・区　町・村
	書店の電話番号　（　　　）

帝室ロシア音楽協会（ＩＲＭＯ）は、権力側の支持を得て、規則を謳いながら、全権委任された帝都ペテルブルグを越えて行動を拡げました。モスクワは帝室音楽協会の支部を置く最初の、ペテルブルグ「枠外」の都市になりました。このモスクワ支部の長になるようニコライ・ルビンシュテインはもちかけられました。もちろん当のニコライもそのような案が進行中であることは知っていました。自らの音楽的評判を確かめるべくペテルブルグを訪れたのも偶然という訳ではありませんでした。この地において決心がつくまでの数か月間、彼は帝都の音楽協会の催しに出演し、ペテルブルグの官僚連と交流し、音楽マニアたちに自分の存在をアピールしました。あらゆる点からみて成功でした。

もっともこのような付加的な骨折りをするまでもなく、モスクワには企画責任を十分に負うことができる適任者など自身の他にいる訳はありません。彼を置いてモスクワの音楽生活に音楽院構想を企てられる者は他に誰もいなかったのです。その旧習墨守の風潮にあえて風穴を開ける腹を決められるのは彼しかいなかったのです。

Ｎ・Ｄ・カシキンは「音楽現代人」誌　一九一六年、八月号で次のように述べています。

「その当時彼はたかだか二四歳だったが、モスクワの音楽家の中で彼が第一人者であることは誰もが認めていたので、新しくできた協会の音楽部門の指導者として彼が推された時、クレームをつけたり、そのことの社会的意義を認めなかったりするものは誰もいなかった」

補足して言えば、こういうことです。現実的な見通しもないまま、帝都ペテルブルグの思惑がここモスクワでも実現可能であるか否かを正確に検討もせずに、そんな重荷を引き受けることを望む者は他に誰もいなかったということです。

帝室音楽協会モスクワ支部の開設は一八五九年十二月二十四日に決定されました。思うにこのモスクワ支部はペテルブルグの協会本部の管理とは関係なく運営され、独自の会計と報告を行いながら、ペテルブルグと同じ目的を遂行するものと考えられていたのでしょう。一八六〇年の初め、協会はN・G・ルビンシュテインが会長として着任する旨を大いなる熱狂とともに公式発表しました。

モスクワ支部の芸術監督としてニコライ・ルビンシュテインは、この都市での協会活動が解決すべき具体的な問題を審議するための委員会を立ち上げ、そのメンバーとしてモスクワで最も権威ある音楽家を招聘しました。たとえばモスクワ帝室劇場の理事長ポストを退いたばかりのA・N・ヴェルストフスキー、ピアニストで教師で作曲家でもあるA・I・デュビューク、ピアニストで教師でもあるレオン・アノール、ヴ

音楽協会モスクワ支部（1909）

ニコライ・ルビンシュテイン

ァイオリニストで室内楽奏者、そしてボリショイ劇場のコンサートマスターであったK・A・クラムロート、ヴァイオリニストでニコライ・ルビンシュテインの幼馴染みであったYu・S・ゲルベール、経験豊かなオペラ指揮者S・I・シュトゥッツマン、バレエ音楽の作曲家V・F・ミンクス、チェロとヴィオラ奏者で室内楽奏者であるボリショイ劇場のソリストA・F・ドゥロビーシュです。

それ以外にもニコライ・ルビンシュテインは自らの意志でボリショイ劇場のチェリスト、K・K・アルブレヒト、加えて優れたピアニスト、E・L・ランゲルを引っ張りました。

ニコライ・ルビンシュテインの発案によりモスクワで計画される交響楽コンサートや室内楽コンサートのレパートリーの審議および選曲、作曲コンクールの開催、演奏者のための業務も委員会の仕事として含められました。（たとえ大枠であるにせよ）事業の基本方針を定め、活動の戦略を練り、さらには交響楽コンサートの初演の日取りを宣言するために、ＩＲＭＯモスクワ支部創設時のリーダーとしては少なくとも数か月は必要でした。

このコンサートはＩＲＭＯモスクワ支部委員による最初の輝かしく意義深い公式の

行事となるだろうと思われていました。しかし現存する歴史的な証言から判断する限り、ニコライ・ルビンシュテインとその盟友たちの熱狂は思ったほど大きな広がりには至らなかったようです。

モスクワっ子たちは、この新しい団体の会員の列に急いで名を連ねようとはしませんでした。年額一五ルーブルの会費は割に合わぬほど高額でしたし、このような会員に与えられる特典が不明瞭だったせいも大きかったのです。

カシキンは次のように回想しています。

「会員券は（ロシア音楽協会モスクワ支部委員会によって）音楽商店に配られ、そこで希望者に販売された。だがこの方法によって会員となったものは少なかった」

（「モスクワ報知」一八九八年十二月、三三九号）

あらゆる点から判断して、事は非常にゆっくりとしか進んでいなかったようです。初演日の二、三日前までにニコライ・ルビンシュテインは店からチケットを回収したのですが売上総額ははなはだ芳しくありませんでした。音楽商店シルドバッハで売れたのは、たった三枚だけだった、と述べるだけで十分でしょう。

ニコライ・ルビンシュテインがどのようにして、どんな手段で、どんな論法で初演の聴衆を集めたのかについては謎のままです。ただ私たちに考えられるのは、働きかける力となったのは若きルビンシュテインの個人的な人間関係であり、彼だけの唯一無二の陶酔感であり、そしてまたエネルギッシュに相手と交渉する熱心さやその口調といったようなものでした。そしておそらくは、それまでの年月の間にニコライ・ルビンシュテインがモスクワのコンサートや教育活動で築き上げてきた人々との交流が役割を果たしたと考えられるでしょう。

新しい事業に対してモスクワっ子たちがなかなか腰を上げようとしないのを見て、ニコライ・ルビンシュテインはＩＲＭＯモスクワ支部による交響楽の夕べの初シーズンが始まる前に、プログラムそのものに関する記事をあえて印刷し配布しようと思いつきました。そこには音楽協会が意図しているレパートリーのポリシーが書かれていました。

発案者の考えによれば、これからのプログラムで主要な位置を占めるのは交響楽と、オラトリオの作品であり、器楽と声楽の独奏曲です。記事にはこう書かれていました。

「本協会が開く音楽の夕べのプログラムを御覧になれば、当代および過去における最高の作曲者にも、また、そこまで大物とは言えない作曲者の名前にも出会われることでしょう」

（「モスクワ報知」一八六〇年十一月十一日、二四五号）

伝えられているところによれば、本協会は「祖国ロシアの人物についても注目しており、各コンサートではロシアの作曲者による曲目が一つ含まれますし、声楽作品は可能な限りロシア語で上演されます」とあります。

こうして一八六〇年十一月二十二日、ペテルブルグの帝室ロシア音楽協会の第一回交響楽コンサートのちょうど一年後モスクワの聴衆は貴族会館小ホールを埋めました。ベートーヴェンの交響曲第４番、グリンカの序曲の他、聴衆はバッハのカンタータ『われらとともに留まりたまえ』、ヘンデルのオペラ『タメルラン』よりアリア、ワーグナーのオペラ『幽霊船（さまよえるオランダ人）』から合唱を聴くことができました。

文字通り翌日には新しい音楽会についての話は街中を駆けめぐりました。モスクワっ子たちは好奇心にかられ、興味津々、わくわくさせられたに違いありません。

非常に大きな成功を収めたのでコンサートの企画者たちは第三回目のコンサートからは会場を貴族会館大ホール（円柱ホール）に移すことに決めました。シーズン末にはモスクワ協会支部の会員は六四〇名になりました。

一八六〇・六一年度のシーズンには、全部で一〇回の交響音楽会（ソリストの出演も含めて）といくつかの四重奏、加えて「非定期的な」コンサートが三回開かれました。プログラムの内容は、グリンカ、ダルゴムィシュスキー、アリャビエフ、ヴェルストフスキー、キュイ、アントン・ルビンシュテイン、バッハ、モーツァルト、ベートーヴェン、ヘンデル、シューベルト、ショパン、シューマン、メンデルスゾーン、ワーグナーの作品でした。

モスクワの各紙はコンサートの結果について定期的に伝えていましたが、やや後になってからはニコライ・ルビンシュテインの発案によって演奏予定の音楽作品については前もってその概説や特徴を記事にするようになりました。

確信を持って断言するのは難しいと思いますが、成功した原因、まさに主催者たちでさえ思ってもみなかった大成功をもたらした理由は何であったのでしょうか。それは古きモスクワを「掻き乱した」、その時代の熱狂であったのではないでしょうか。

きっとそうなのです。

それは単調な音楽空間にうんざりしていたモスクワっ子たちの精神的な要求であったのではないでしょうか。多分そうなのです。

それこそニコライ・ルビンシュテインの驚くべき情熱的な呼びかけへの反響であり、輝くような明るい人柄について行きたい、という願いだったのではないでしょうか。疑いなくそうなのです。

しかし、これらのすべてに関連するもう一つの事情を付け加えておかなければならないでしょう。

ニコライ・ルビンシュテインは自分自身で聴衆を育成する義務があると意識していました。そして流行ばかり追い求める人々との妥協のない戦いを宣戦布告し、目的を持って慎重に音楽都市モスクワをめざしてその戦いを始めました。時が示したように彼はこの戦いの勝利者となりました。しかし最初の戦闘はとてつもなく苦しいものでした。

ＩＲＭＯモスクワ支部のコンサート初演まであと数か月というところで、ニコライ・ルビンシュテインはアマチュアの合唱団をつくることを表明しました。彼の考えでは、時を見てこの合唱団はやがてＩＲＭＯのコンサートの正式メンバーとして参加できるはずでした。合唱団員としてモスクワ界のさまざまな階層に属する人々がリストアップされました。貴族、商人、画家、音楽家、学生、配達人、役人……。

合唱団にはこれまでまったく経験のない人も受け入れました。ニコライ・ルビンシュテインは、入団テストを課すことによって未経験者をためらわせ、断念させてしまうのではないか、結果として希望者を減らしてしまうのではないか、と気を回しました。彼は自然な音楽的淘汰の法則に従うことで十分だと考えました。すると、なるようになるものです。やって来た人々には、自分には向いていないと分かるとやがて去っていく者もいました。また、良い耳を持ちながら声が弱く控えめな歌い方ですが主声部を邪魔することなく団としてマイナスにならない、という人々もいました。

合唱団を指導したのはニコライ・ルビンシュテインでした。これまで合唱指導の経験はありませんでしたが、彼は常識的な意味づけ、厳格な規律、演奏作品を自覚的に解釈するアプローチを考えることから出発しました。彼が募った集団はたった数週間でコンサートのステージに立つまでになり、この団の人気は高まる一方で、毎週、団員が増えていく程になりました。指導者には新しい課題が生じましたし、問題を調整しなければなりませんでした。

ある種の教育機関のようなもの、音楽に関心のある者に基礎知識を与え彼らに自覚的に作品を演奏することを教えるような場が必要であるとニコライ・ルビンシュテインにはだんだんはっきり見えてきたのです。そのような場で高いレベルの準備教育と美的志向が形成されることが必要であり、彼の意見によれば、軽い乗りや上辺《うわべ》の見映えを排して最も重要な要求に応えていくものでした。

このような考えに突き動かされニコライ・ルビンシュテインは当時帝都ペテルブルグで起こりつつあった変化と自身の計画を関連づけ、北の都（ペテルブルグのこと）を例として、モスクワの街にも音楽を学ぶ教室（クラス）を創るという理想に向かって尽力しました。その時すでに職務としていた重要な仕事、アマチュア合唱団の指導、IRMOモスクワ支部の運営、第一回交響楽シーズンの準備といったことは彼をうろたえさせたりはしませんでした。真に専門的な音楽学校を創る構想、好条件が整えさえすればペテルブルグの音楽クラスの水準をしのぐような、多少とも確実性と意義のあるものにしていくことができるだろうという構想が自身の胸を高鳴らせ仕事への集中に駆りたてるのでした。

一八六〇年末、モスクワの各紙はすでにIRMOモスクワ支部で音楽クラスの生徒募集について最初の広告を載せています。それにこんなことが書かれているのをモスクワっ子たちは読みました。

「何人《なにびと》も、性別、年齢にかかわりなく、また経験を有する者でなくとも、月謝一ルーブルにて音楽の授業を受けることができる。このクラスは毎週水曜日、サドーヴァヤ通り、エルモライ教会近くのヴォルツキービルのニコライ・グリゴリエヴィチ・ルビンシュテインの部屋で予定されている」

（「モスクワ報知」一八九八年十一月十五日、三一五号）

ニコライ・ルビンシュテインのクラスを希望してきた者の中には安月給の者も多くいました。

おそらく彼の、この新しい生徒たちのほとんどはアマチュア合唱団のメンバーと同様、協会が開いた第一回目のコンサートの聴衆だったのでしょう。

しかし合唱団の新しい参加者を勧誘する仕事もニコライ・ルビンシュテインがして

いたさらに広大な人材開発のほんの一部にしかすぎませんでした。モスクワに市民的な音楽文化を誕生させようという自分の熱中を共に分かち合え、そして自分が始めた事業を補佐し、そして自分にも考えを提供してくれるような人物を彼はずっと探し求めていたのです。

ニコライ・ルビンシュテインは予定された計画を完璧に実行できる行動力を備えた人材でIRMOモスクワ支部の強力な中核を固めることを望み、あらゆる人々に接触し、会い、意見を交わしたことによって、適時に「往く先々に目論見を持って」進むことができ、同じ考えの人を見つけ、共鳴者を「引き込む」ことができました。

こうして当時ニコライ・ルビンシュテインの目に留まったのはアマチュア合唱団の団員の一人、ニコライ・ドミートリエヴィチ・カシキンでした。この二一歳の若者の博学、誰よりも詳しい音楽の知識、自主的、批判的に考える能力は、ニコライ・ルビンシュテインに彼の広報活動の才能を見出す根拠を与えました。何年間かニコライ・ルビンシュテインはカシキンを見守り、やがて一八六三年、当時最も有力な大学の機関紙「モスクワ報知」に、当世音楽事情を書いてみるよう提案しました。本人の同意を得た上でルビンシュテインは、この機関紙の編集長V・F・コルシュに推薦状を送りました。それはニコライ・ルビンシュテインの考え通りにうまく行きました。こうしてモスクワの街に「最初の音楽担当専任記者」が誕生しました。

一八六二年春ニコライは、その頃ペテルブルグからモスクワに移ってきたヴラシーミル・フェダロヴィチ・オドエフスキー公爵と親しくなりました。

当時の最も教養のあるロシアの活動家の一人で、音楽理論家、作家、哲学者、博識家であったオドエフスキーがモスクワにやってきたことが、この街の文化生活においてユニークな事件になったというのは偶然ではありませんでした。公爵が住んでいたスモーレンスキー並木大通りにあった建物はモスクワの芸術インテリゲンツィアたちが詣でる、ある種の聖地となりました。

モスクワにやってきて最初の何週間のうちにオドエフスキーは、この街の音楽生活の改変に加わり高い関心を示しました。彼はＩＲＭＯモスクワ支部の若き指導者ルビンシュテインの芸術家、組織者としての手腕を非常に高く買い、自身の社交サークルに確信をもって招き入れました。

研究者の予想によれば、ニコライ・ルビンシュテインがオドエフスキー邸に初めて現れたのは一八六二年の秋のことです。その暮れには、もうこの家の常連の一人となり、公爵と若い友人との間で音楽談義が行われるようになりました。おそらくニコライ・ルビンシュテインはオドエフスキーの話を聴いていただけではなく（この講話は後の一八六八年に『音楽的な調和、ないしは非音楽家のための音楽基礎』として出版されています）、その後ピアニストとして時折、そこで演奏したとされています。オドエフスキーが行った音楽・音響学的な実験の証人であったことも書かない訳にはいきません。多分スモーレンスキー大並木通りの建物に設置されたパイプオルガンを弾き、演奏者としてもルビンシュテインは自分を試してみたのでしょう。

考えを同じくする者を絶えず探そうとして自らの交流範囲を広げることに疲れを知らないルビンシュテインは、一八六〇年代初めに若き商人ピョートル・イヴァノヴィチ・ユルゲンソンと出会うことになります。ここで私たちはもう一度少し脱線しましょう。それはニシン（鯡）検査人の息子でレーヴェリからモスクワにやってきたP・I・ユルゲンソンが何をもたらしたのか、そして後に明瞭となるモスクワの音楽生活の目覚ましい発展にとって、このユルゲンソンとルビンシュテインの出会いがどんなことを引き起こしたのか明らかにするためにです。

♪第5話　ピョートル・イヴァノヴィチ・ユルゲンソン（一八三六―一九〇四）との出会い

ピョートル・イヴァノヴィチ・ユルゲンソンはニコライ・ルビンシュテインより一歳年下でした。そしてルビンシュテインとは違ってモスクワから大分遠いエストニヤは小さな町レーヴェリ（タリン市）に生まれました。

ピョートル・ユルゲンソンの父親は「ニシンの船長」をしていました。当時、魚の検査員の仕事をそう呼んでいました。最初、彼はエストニヤの姓であるキルスを名乗っていました。後になってムイザ（バルト沿岸の農民屋敷）の家主の強い要請によってドイツ風の姓ユルゲンソンに変えました。

家には子供たちが五人いました。三人は男の子、二人は女の子でした。姉妹は裁縫を学び、男の子の一人は六歳の時結核で亡くなり、上の兄のヨシフは早くにレーヴェリの家を出てペテルブルグに行ってしまいました。ピョートルは生まれ故郷に残り、地元の学校に行きました。

ピョートル・ユルゲンソンの妻ソフィア・イヴァーノヴナの手稿にはこの頃のピョートルの生活について情報が残されています。

「……略……元気で働き者でしたが性格や信念の点で厳格だったピョートルの

母は、祝日に度々行われる教会での談話に出掛け、夜毎に聖書を読むことに自分の唯一の支えを見出しているような女性でした。聖書は家での日常において唯一の書物でしたし、特にピョートルにとっては祝日の余暇として自分が母に聖書を声を出して読むという特典を恵んでくれた書物だったのです。

学校と友だちのおかげでピョートルは別の本も読み始めるようになり、さらに読書に耽るようになりました。それで熱中を避けるためにいろいろな手段も見つけなければなりませんでした。というのも母によって世俗の本を読むことは厳しく禁止されていたからです。図書館ではとても気軽に本を手にすることができましたが、貸し出しにはお金と文書による親の承諾が必要でした。ピョートルは屋根裏に自分の読書の場所を見出しましたし、お金は隣近所のいろいろな雑用をすることによって稼ぎ、文書による承諾書も自分で作成し、まるで父親が自著したようにしてしまいました。……略……」

（ベローフ『ユルゲンソンの音楽出版社』サンクト・ペテルブルグ、二〇〇一年、一四－一五頁）

この時期にピョートルには、ある不幸が降りかかりました。それは、しばらく彼の日常を止めてしまうことになりました。

彼の通っていた学校を牛耳っていたのは、厳しくて無情な教師でした。この教師は自分の教え子の生活に歩み寄ろうとせず、生徒たちの能力や素質といったものを見つめようとしてくれませんでした。ある裕福な家の生徒が学校に本を持ってきました。少年たちにとって、それはそれは興味深い書物だったので多くの子供たちはその本に誘惑され、自分にも読ませてくれるようせがんだのです。とりわけこの本をひどく読みたがったのがピョートル・ユルゲンソンとその親友の二人でした。その本の持ち主からは拒否されたので二人はさっそく決心しました。その本を持ち去って、急いで読み切り、その後ですぐに戻しておこうと。本が無くなっていることに気が付いた生徒は先生に訴えました。先生は専ら、取った本は返すように生徒たちに命令し、全員しばらく学校から出るように言って、自身で生徒たちの背のうを点検しはじめました。件の本はピョートル・ユルゲンソンの背のうから出てきました。そのために彼は高い代償を払わされました。

この「本に関する一件」は重要な出来事でした。年月が過ぎ、まさに本、書物を出版することが彼の趣味になったばかりでなく、やがてピョートル・ユルゲンソンの仕事になったのですから。

でも幼い少年の頃からすでに時のベールに隠されていたことなのかもしれません。自分を怒らせたり驚かせたりするような、突然降りかかってきた試練に対しては、厳寒の中であろうと嵐の中であろうと彼は家から飛び出していってしまうのでした。偶然の出会いだけが彼を破滅から救ってくれました。

ユルゲンソン

ピョートルの父は早死にし、ルビンシュテイン家と同様子供たちの世話はすべて母親の肩にのしかかってきました。ピョートルは学校を卒業して彫版師になる試験を受けたのですが、母は息子を理解できず、彼の好きな事を分かち合えないまま一四歳の息子をペテルブルグの長兄の元に送り出すしかなかったのでした。

この先、青年ユルゲンソンのそれ以後の生活の足跡を追うことは大変困難になります。はっきりしているのは、ただ家内工業的な職を転々としてM・ベルナルド（兄が勤めていた音楽店）の楽譜出版所で彫版師として働いていたこと、ペテルブルグの音楽商F・ステッロフスキーと関係ができていたことだけです。また一八五九年にはモスクワのK・シリドバフ商会の楽譜部門長となる申し出（別の情報では、商会の管理運営をする申し出）を受けて、後にユルゲンソンの息子の一人が書いているように、そのモスクワの地で「自分の活躍する本来の舞台」（前書、一六頁）を見出したのです。

一八六〇年末、二四歳のピョートル・ユルゲンソンはモスクワの音楽生活の変化を慎重に見つめながら、この都市で音楽出版の商売を始める決心をしました。

ユルゲンソンは当然のこと、支持と援助を求めてニコライ・ルビンシュテインに話をしました。他の多くの音楽家たちと同様、彼はペテルブルグやモスクワの音楽出版所や音楽商店で仕事上の付き合いがあり旧知の仲となっていました。

カシキンは、このことを次のように記しています。

「……略……概して大きな実践的な知恵と進取の才覚に恵まれていたユルゲンソンは、自分の企画に対してニコライ・ルビンシュテインのような傑出した音楽家からの支持と保護を得られるよう依頼した。そのために一八六一年の早春には彼のところに行き、自分の計画について打ち明けた。この若いビジネスマンは、きっととても良い印象を相手に与えたのであろう。さら良いことにニコライ・ルビンシュテインも自分の仕事を手伝ってくれるような若くてフレッシュな人材を探していた。いずれにせよ、面談の結果ルビンシュテインはユルゲンソンに商店用として部屋を借りることを提案し、そのうちの一部屋はロシア音楽協会の管理部門とし、協会の事務所と呼ぶ。そのためにユルゲンソンには年二五〇ルーブルを支払う。もちろんこのような提案は大喜びで受け入れられた」

（「モスクワ週報」一九〇八年三月二十八日、二一号、五二−五三頁）

一八六一年八月十日、モスクワの大ドミートロフカ横丁とスタレシニコフ横丁の角地のザセツキー・ビルにユルゲンソンの音楽出版所と音楽商会がオープンし、計画通り、その一室は帝室ロシア音楽協会モスクワ支部が入ることになりました。たちまち、この建物がモスクワの新しい音楽生活センターとなったのです。新しい楽譜を知るチャンスを求めて興奮している音楽家たちがここに集まり始めました。また協会モスクワ支部の会議が初期の頃はすべてここで開かれていました。音楽商会となっている部屋には一八六一年のうちにカシキンとアルブレヒトが越して来ました。

カシキン自身がこのことを次のように回想しています。

「P・I・ユルゲンソンは外国から戻り、自分の商会を開いた。……略……場所は結構広く、K・K・アルブレヒトと小生にそこに移って住んだらどうか、と提案した。私共にしてみれば、その部屋には不相応な、何だか申し訳ないほどの家賃を払い、食費は割り勘にした。商会にある一部屋は音楽協会の管理下に置かれていて、N・G・ルビンシュテインが国外から戻ると、まったく御機嫌で体調もよく、几帳面に、毎日定刻にここに現れ自分の仕事を続けた」

（「モスクワ報知」一八九九年、二二号）

まだ若いユルゲンソンは楽譜の出版や販売に独自の戦略を持っていたのでしょうか。それは疑う余地がありません。常に彼は自分の人生における重要な決定を自身で決めていました。同時に彼は自分に物を申すような価値ある考えを持っている専門家も自身で選び、出版や取引の優先順位を決めていました。

初期のうちトップはルビンシュテインでした。まさにルビンシュテインの助言によってユルゲンソンの最初の出版、ヨハン・セバスチャン・バッハの『ガボット』が出版されました。その数か月後、一八六二年、最初で当時としては唯一のF・メンデルスゾーン＝バルトルディの全作品集が世に出ました。

一八六四年にはルビンシュテインの編集によるロシア語訳のF・シューベルトとR・シューマンの歌曲集が刊行されています。この曲集は大成功でした。自身が語るところによれば、まさにこの仕事から、できたてほやほやの商会の開花は始まったのでした。

活動を始めた当初からユルゲンソンはモスクワの音楽文化だけではなく、ロシア全体の音楽文化にとってとてつもなく多くのことを成し遂げました。言うまでもなく彼はロシアで初めて楽譜の出版や販売をした人間ではありません。しかも彼以前にも、彼と同じ時代にも大きな楽譜出版社や音楽商会が仕事をしていました。しかしユルゲンソンは自分の仕事と時代の音楽実践とを結びつけた最初の人間でした。そして新たな音楽伝統の形成と発展に個人として参画した最初の人間でした。

彼はロシア音楽協会モスクワ支部の初期メンバーの一員でした。一八六二年から六三年にかけて理事会のメンバーに加わり、一八六四年から六五年には、選挙による理事長の候補となり、選ばれて理事長に就きました。協会の委託コミッショナーとして協会の活動に対して財政的支援を何度となく行いました。

しかし重要なことは、ユルゲンソンが音楽理論や音楽史に関する本や多様な楽譜出版のシステムをまとめあげたことです。一連の刊行物は非常に多彩な著者の作品でした。ロシアや西ヨーロッパの、音楽芸術に関する伝統的な考え方を革命的に変更した大作曲家たちや最も要求高い聴衆の心を喜ばせた音楽マニアたちのものでした。

安定した商業活動を行いながらユルゲンソンはロシアにおける楽譜価格に真の大転

換を起こし、自分のところの出版物は半額以下に価格を定め、出版人の取り分は一枚二〇カペイカ、写しについては一枚につき一五カペイカとしました。ユルゲンソンがいかに忍耐強く慎重にロシアにおける音楽文献市場を築きあげたか、どんなにか熟慮を重ねて刊行作品を選んだのか、楽譜出版する者を待ち伏せしているありとあらゆる危険性をいかに正確に自覚していたか、このような点については研究論文として別途示す方がよいでしょう。

音楽芸術の権利というものはすべての人々にとってそれぞれ違い、誰の手にも届くわかりやすいものであるということをユルゲンソンは自分の活動すべてをもって確認しました。時に彼の戦術は当惑を引き起こし、時にあからさまな不快を引き起こしたりもしました。しかし大抵の場合チャイコフスキーを筆頭として多くの音楽家たちと仕事を共にさせてしまうユルゲンソンの圧倒的な信望と戦略が発揮されていたのでした。

しかしユルゲンソンとチャイコフスキーが出会うまでには、まだ少し年月が必要でした。

一八六〇年代初期、当時ユルゲンソンもルビンシュテインも「モスクワの音楽空間」を積極的に習得し、それに「活気」を吹き込み始めたばかりでした。モスクワの音楽生活に、後戻りすることができない重要な転換点を打ち立てるという思想をモスクワっ子たちに植えつけようとしている夜明け前の時であったのです。

♪第6話　開花した音楽都市

一八六〇・六一年度のシーズンが成功してモスクワの熱狂者たちは感激しました。またすでに翌年ルビンシュテインは友人や考えを同じくする人々と、当時としては無鉄砲にもと言うべきですが、とりあえず「誰でも行ける交響コンサート」を立ち上げ、実行すると発表したのです。

このような大胆不敵なやり方は帝都ペテルブルグでさえしなかったことでした。財政面での出費は明らかですし、まったく無茶苦茶なことでした。入場券が二五カペイカ（ホール上部のバルコニー席、合唱団用のスペース）から三ルーブル（最前列の平土間席）で成功を見積もることなどありえないことでした。何千人もの聴衆の注目を単に交響楽だけで釘づけにしようという考えもあり得ないことでした。さらには毛色の異なったさまざまな聴衆をみないっしょくたに集め、それから何とか秩序を保つなど考えることも当時あり得ないことでした。

人々は首を長くしてコンサートが開かれるのを待つようになりました。というのも新聞が書いているように、このようなコンサートは「真に音楽的な満足や教養を求める活発な社会的要請を受け止め、立証するはずのもの」（「モスクワ報知」一八六二年三月十七日）だったからでした。

一八六二年四月十日、貴族会館大ホールで第一回、「誰でも行けるコンサート」が催されました。

ルビンシュテインは稀に見る正確さでこのように見積もっていました。疑いのない財源の損失は、これまでにないような楽しみが広がることによって将来大きな配当金を確約するものであり、巡り巡ってくる。しかもその配当金は専ら経済的な性質によるものだけに限らないのだ、と。

こうして第一回「誰でも行けるコンサート」では、次の曲目が演奏されました。グリンカの『皇帝に捧げし生命』より序曲と合唱、ベートーヴェンの『レオノーレ』、アンリ・ヴュータンの『ヴァイオリン協奏曲第4番』、メンデルスゾーンの『交響曲第3番』です。

紙誌の批評では演奏水準の高さが強調されました。とりわけ集まった聴衆の多さが指摘されました。「社会を構成するある一つの階層の人々だけではなく、貴族会館コンサートホールを満杯にしたのは何千人ともいわれるいろいろな層の大衆であった」

(『寸評』「モスクワ報知」一八六二年四月十五日、八二号、六五七頁)

モスクワのささやかな音楽生活の下にあって、この数字は驚異的でした。第二回

「誰でも行けるコンサート」（プログラムはグリンカの『カマリンスカヤ』や『ホルムスキー公』のための音楽、ダルゴムィシュスキーの『ルサルカ』から合唱と舞踏、ベートーヴェンの交響曲第5番でした）が終わって批評家の一人は次のように書いています。

「安価なチケットが多くの客を呼びこんだ。……略……これまで、モスクワの裕福でない人々には手の届かないようなコンサートばかり催していた芸術家たちにとっては教訓となる事件であった」

（パノフスキー『モスクワは何をすべきか』「モスクワ報知」一八六三年一月九日、六号）

言うまでもないことですが、それ以降の「誰でも行けるコンサート」の聴衆は数万人にのぼり、伝説のコンサートとして後々ずっと人々の話題からなくなったことはありませんでした。こうしてモスクワっ子たちは、なかでも一八六四年に催された二つの「誰でも行けるコンサート」について長く記憶していました。そこには一万六〇〇〇人が出向き、うち九〇〇〇人分は二五カペイカの入場券の者でした。いくつかのコンサートをやり終えたオドエフスキーは、九〇〇〇枚の三ルーブル金貨よりも価値がある「九〇〇〇人の二五カペイカ銀貨」の「ご健康とご発展」を祝して杯をあげようと提案しました。

しかし帝室ロシア音楽協会の交響楽の夕べや「誰でも行けるコンサート」は、この都市の音楽活動の多様性をすべて飲み込んだわけではありませんでした。

企画が大成功をもたらしたので室内楽コンサートやあるいは当時の呼び方で言う「カルテット」は定期的に開催されるようになりました。一八六三・六四年のロシア音楽協会のシーズンには、それぞれに古典派作品を主とした三回シリーズのコンサートを二回実施しました。

モスクワで催された宗教音楽のコンサートも少なからぬ意味を持っていました。宮廷の聖歌合唱隊は六〇年代初めから衰退していましたので、このモスクワでのコンサートは都市住民たちの関心を大いに引きました。レパートリーが興味深く、よく考え抜かれていたチュドフスキー地区のYu・N・ゴリツィン公の宗務院合唱団、中等神学校合唱団の演奏は最も優れた宗教合唱でした。

モスクワ大学の音楽活動にも目覚ましいものがありました。大学の年代記には一八六五年二月二十二日の「音楽と文学の夕べ」の記録が残っています。この日、貴族会館ホールには、大学の若者たちと、A・N・オストロフスキー、A・F・ピーセムスキー、歌手S・グラーク＝アルテモフスキー、ピアニストのI・ヴェニャフスキーとの出会いがありました。ボリショイ劇場オーケストラはN・G・ルビンシュテインの指揮のもと、歌劇『皇帝に捧げし命』より序曲を演奏しました。このコンサートのフィナーレは、同じくグリンカの『カマリンスカヤ』でした。

同年三月三日、ルビンシュテインは、さらにもう一つの交響コンサートを学生たちのために演奏しました。ソリストにはヨシフ（ヴァイオリン）とゲンリク（ピアノ）のヴェニャフスキー兄弟がいました。

「音楽と文学の夕べ」と並んで大学では、いわゆる「夕べの対話」も行われましたが、そこでも音楽がよく演奏されていました。第一回目の「夕べの対話」は一八六五年三月十八日にF・ラウプを迎えて行われました。第二回の「対話」（四月六日）には、ルビンシュテインが参加しました。一八六五年三月、大学の講義室ではA・N・セローフが「音楽としてのオペラについて」という講義を始めました。

かつてモスクワには一八六三・六四年および一八六四・六五年のシーズンのような、かくも積極的で大衆的な音楽生活などありませんでした。アマチュア合唱団の存在もだんだん定着してきました。帝室ロシア音楽協会モスクワ支部の交響楽や室内楽の会も継続され、そこに訪れることはモスクワっ子たちの常識となりました。「誰でも行ける交響楽コンサート」は、ますます定番化してきました。

聴衆がとても多く殺到することを考慮して一八六三年にコンサートはモスクワの最も大きな屋敷の一つ、エクゼルツィルガウス（のちのマネジ・ホール）に移されましたが、それはルビンシュテインの骨折りによってロシア音楽協会に無償で提供されたのでした。

帝室ロシア音楽協会モスクワ支部の音楽クラスに学んだ者の数は増え、一八六四年には二〇〇名を超えるに至りました。新しいコースが開設され、新しい教師が招かれました。そして一八六四年秋には教室が新しい建物に移転したのです。

ここ、すなわち新しい、協会の「音楽クラス」では、伝統的に名が知られるようになっていた「ルビンシュテインの土曜日」が続けられていましたが、それらについてはここ何年かのうちにモスクワ中の知るところとなり、市民の間では「この会の常連たちはどんなことをしているのか」「ここに来る客たちは音楽の夕べについてなぜ、あんなに楽しそうに思い出話をするのか」とひそひそ話したり、うわさ話に花を咲かせたりしていました。

真実この頃には非常によく知られていた「ルビンシュテインの土曜日」は、ルビンシュテインと考えを同じくするユニークでフレンドリーな参加者の集いでした。その内の一人の思い出によれば「望む者にはワインやビールの、汲めども尽きぬ源泉が付いている、ふんだんな、さりとて、あっさりしたディナーで締めとなった」（カシキン、前掲書、一八九七年）ということです。

ニコライ・ルビンシュテインは才能豊かで気の許せる音楽家たちを一八六〇年代の初めごろから自宅に呼ぶようになり、彼らとともに多くの時間を共通の音楽を楽しんで過ごすようになりました。ここ、つまり「ルビンシュテインの土曜日」には本格的な芸術的生活に入る前のソリスト、歌手、文学者と舞台活動家たちにとって一種の登竜門となっていました。

ここでこそ独自の芸術家サークルを作る考えが生まれたのですが、それはさまざまな種類の芸術の代表者たちをつなぐ役割を果たしました。でもこのような理念の実現のためには、そのための芸術家を組織する上で必要なすべての書類を書き上げる時間といろいろな官僚機構を通過する必要がありました。

そこでルビンシュテインは公式の許可を待たず協会の音楽教室の新しい場所を開設したことを生かして、そこに自分の土曜日の夕べをさっさと移し、招かれる人物の範囲を最大限に広げました。

音楽家、俳優、作家、画家たち、その中にはA・N・オストロフスキー、A・F・ピーセムスキー、A・N・プレシチェーエフ、V・A・ソッログープ、N・A・チャーエフ、K・A・タルノフスキーらがいましたし、彼らはルビンシュテインの音楽の館へと行きたがりました。偉大な記憶力と広い視野、そして極上の「芸術家」的ユーモアを身につけている同僚や本物の芸術の目利きたちのために毎週「サプライズ」が用意されました。

ふつう、この音楽の夕べのプログラムは前もって組まれてはいませんでした。でも全員が知っていたことなのですが、やがて音楽が響き、あまり知られていない文学作品があり、にぎやかな会食、かけひき、冗談、そして最後はもちろんダンスになるのでした。新聞記者たちは「ルビンシュテインの土曜日」について読者に伝えることを自分の責務と考えていました。一般人には至って面白おかしく、玄人には気晴らしになるように、と。

「現代の年代記」誌から出されている『芸術家たちの夕べ』の記者としてN・パノフスキーはこう書いています。

『クリスマス』の祝い事の中には芸術的な性質の点で他とはまったく違っていることがある。それはN・G・ルビンシュテインの所で催される夕べである……略……モーツァルトの『音楽の冗談（村の楽師たち）』から始まった……

この小品の演奏は、尋常ならぬユーモアで貫かれていた。至って目立ったのは最もコミカルな音楽のいもづる（冗談＝原著者）だ。それは我がボリショイ管弦楽団の重鎮の一人である第一ヴァイオリンの首席だ。それに続いて有名なおもちゃの交響曲［B］だ。それを演奏したのはありとあらゆる玩具や民族楽器、ドゥードク、スヴィレーリ、タイコ類等々を使ったロムベルクだが、作品自身はその元々の価値を失っていない演奏ぶりだった。……略……N・G・ルビンシュテインは、まったく取り乱すこともなく、超まじめにカッコウ笛をクークー鳴らし、小夜鳴き鳥の口笛をした。他の人々も手にあったものを演奏したが、才能のあった者は誰もおらず、全く逆であった。ピアニストがドゥードクを持って腰かけ、ヴァイオリニストがラッパを吹いていたのだから……略……。客は涙を流して拍手喝采で、この夕べの笑い声はクレッシェンドだった」

（パノフスキー『芸術の夕べ』「現代の年代記」一八六四年三月五日）

一か月後の、別の土曜日では会合のプログラムに、まじめな部と冗談の部が予定されていました。前者ではベートーヴェンのヴァイオリンソナタ第7番、ニルス・カーゼの弦楽八重奏等の室内楽の作品でした。

冗談の部では

「はなはだ悪賢しこく成功裡に演じられた架空のスキャンダルから始まった。K・A・タルノフスキーは聴衆に対して詩文で許しを乞うた。この夕べの気晴らしとして何も準備できなかったこと、そしてその罪をすべての幹事たちに順々になすりつけていった。当人たち（ルビンシュテイン、サドフスキー、アルブレヒトおよびドール）は割って入ったり、異議を申して立てたり、言い争ったりした。聴衆の中からは、いらいらしたような声が大きくなっていった……。この冗談は

帝室ロシア音楽協会モスクワ支部のコンサートが行われた、
モスクワのロシア貴族会館の建物（現労働組合会館円柱ホール）

高笑いの共有となり、すばやく当日の夕べのプログラムに取り掛かることによって終了となった」

（「ロシアの傷痍者」紙、サンクト・ペテルブルグ、一八六五年三月六日）

「これらの即興『寸劇』にはアルファベットの文字すべてを使ったコミカルな説教とか、参加者のグロテスクな行進とか、オペラシーズン興行に向けた概略パロディ、といったものがいろいろ行われた」と自分が集めた資料に基づいて記したのはN・G・ルビンシュテインの生涯と仕事の最も権威ある研究者であるL・バレンボイムです（モスクワ、一九八二年、九三頁）。

こうしてモスクワの音楽生活は年を追うごとにますます活性化し多様になってきました。サークル、協会、クラス、連盟、慈善コンサート、誰でも行けるコンサート、家庭での音楽愛好家、そしてアマチュアのコンサート、これらはモスクワっ子たちの余暇を満たし、次第に、ますます拡大していくこの都市の音楽生活においては、それを満足されることなくしては考えられないような必要欠くべからざる欲求へと変わっていったのでした。

帝室ロシア音楽協会モスクワ支部のコンサートは流行になりました。そこに行くことは日常のノルマとなっていったのです。

「人々は音楽好きではなくても恐ろしく退屈していたので、長い交響曲の演奏時でさえ、交響楽の夕べに行くことを自分の義務と考えていた、とある当時の人が回想している。客たちは大きな円柱のあるホールを埋めつくしただけではなく、ラウンジにあるすべての席も占めるくらい大勢となって集まり、そこではホール同様、椅子は列にして並べられていたほどだった」

（ダヴィドフ『過ぎし日』より、一九一三年、八三-八四頁）

また別の目撃者は、次のように強調しています。

「交響楽の夕べには、……略……こんな栄誉を勝ち取った。近くのモスクワ河岸からでさえ、劇場に行くのと同じように乗り物を使ってコンサートに行くようになった」

（『N・ルビンシュテインとモスクワ音楽院』「ロシア・アーカイヴ誌」、一八九七年）

モスクワにおいて全般的に音楽愛好者が広がっていったことに少なからず意味を持っていたのはP・I・ユルゲンソンの活動でした。この若き進取的な出版人が行う仕事のある一つの原則によって、帝室ロシア音楽協会モスクワ支部のコンサートで演奏された作品の楽譜は出版されました。実際、作品が音となって響いた直後に、その譜面は売りに出されていました。例えば一八六八年二月末にN・G・ルビンシュテインのコンサートで演奏されたチャイコフスキーの『ハープサルの思い出』（作品2）よりスケルツォ、リストの『小川の岸辺へ』およびR・シューマンの交響的練習曲（作品13）は、もう三月には印刷物となり、モスクワっ子の欲しがる品薄商品になっていました。

このような出版の段取りはユルゲンソンの事業に少なからず利益となったばかりか、モスクワの音楽啓蒙活動に大いに役立ったのでした。一度聴いた新しい音楽をより親しく知りたい、その芸術的価値を評価したい、いろいろな作曲者の特徴やスタイルを知りたい、そして何よりこの音楽作品をより正しくマスターしたい、という音楽マニアを満足させたのでした。

モスクワは疑いなく「音楽的にも市民権を得た」都市となりました。そしてそのことをこの当時に帝政ロシア第二の都市を訪れた者がみな認めました。

一八六四年、著名なヨーロッパの音楽家ハンス・フォン・ビューローは、かくも遠方の地でかくも速やかにN・G・ルビンシュテインが「音楽文明をなしえた」ことに驚かされたのでした。一八六五年、私信の中でこのような思想に立ち返りながら、この音楽家は次のように記しています。モスクワでは

「秀でた音楽家たちにおいて不足はない」し「(N・G)ルビンシュテインとその熱狂的な、活動的友人らの直接的な指導の下……」ドイツでは「我々が一歩一歩つくりあげてきた音楽生活が一挙に開花した」。

(L・バレンボイム「前掲書」一九八二年、九三頁)

ところでV・A・ソッログープは一八六五年、マトヴェイ・ヴィエリゴルスキー宛の公開書簡の中でルビンシュテインのモスクワでの活動について次のように指摘しています。

「自分の天職にじっとしていられないという思いに貫かれた、あらゆる人間と同様、彼は一時も忘れず、一時も休まず、自分自身の中に自身の思想という道具のみを見ていた。彼は自分の兄とともに……略……ロシアに音楽の始まりを広め、ロシアの土地に教育の種をまくことを自らの課題として設定した。少ない資金で短期間に音楽クラスを設立し、現在の音楽院の芽を育てた。彼は音楽協会を設立し、すでにすべてのモスクワの教養人たちに多様なコンサートを呼びかけている。

彼は「四重奏の朝」コンサートをつくった。それだけでなく彼はすべてのモスクワ人を巨大なエクゼルツィルガウスの誰でも行ける音楽の祝日に招いたが、そこではすべての階級、すべての身分の者がわずかな料金で……略……すでに音楽の天才たる人たちの主要な作品を知り始めている……略……結果として大衆を芸術に近づけながら、彼はまた芸術家たち同士が、どのような芸術分野にて仕事をしていようと、互いに近づきになれるよう配慮していたのだ」

（「モスクワ報知」一八六五年三月十日）

数年の間に音楽都市モスクワは「全くの不毛の地」から美事な庭園に変わり、その飽くこと知らずの守護者に喜びを与え、ヨーロッパの巨匠たちの注意を自らに向けさせながら、年を追って彼らの客演旅行の日程にモスクワを含める計画を着実に定着させていったのです。

♪第7話　クララ・シューマン、ワーグナー、そしてベルリオーズ

その意味でとりわけ際立ったのはモスクワにクララ・シューマン、リヒャルト・ワーグナー、エクトール・ベルリオーズがやって来たことでした。

クララ・シューマンは一八六四年の二月から三月にかけてペテルブルグとモスクワで出演しました。これは彼女の最初のロシア旅行ではありませんでした。その二〇年前、著名な女流ピアニストであった彼女は夫ロベルト・シューマンとともにこの地を訪れていました。その時からシューマンの音楽はロシアのプロフェッショナルやアマチュアたちに熱烈に愛されていました。状況の変化について的を射た表現をしているのはツェザール・キュイです。

「最初クララ・シューマンが夫とともにペテルブルグに滞在した時には、こう話していた。クララ・シューマンの夫、シューマン氏、とね。今は、みなこう言っている。ロベルト・シューマンの妻、クララ・シューマン夫人とね」

（キュイ「ペテルブルグにおけるクララ・シューマン」『選集論文』一九五二年、四頁）

一度目の旅行と違い二度目でこの女流ピアニストが演奏したのは主としてロベル

ト・シューマンの曲目でした。しかも今では私邸での演奏ではなく、大きな公的ホールでの演奏を好むようになりました。ペテルブルグでクララ・シューマンは、帝室ロシア音楽協会の交響楽コンサートと、三回行われた昼のカルテットコンサートに加わり、同時に自身主催のコンサートも二回行いました。そのうちの一つ（一八六四年三月十日）では、クララ・シューマンがロベルト・シューマンのピアノ協奏曲イ短調（作品54）を弾いたのですが、それを評してキュイは次のように指摘しました。

ロベルトとクララ（シューマン夫妻）

「ここでのピアノとオーケストラはたくさんのすばらしい効果を生じさせていたが、良い演奏には偉大なメカニズムだけではなく、多くの意味づけ、繊細さが求められる。クララ・シューマンのメカニズムはすばらしい。最後の音符に至るまでの繊細な音づくり、必要なところでの艶出し、非の打ちどころのない純粋さ、そしてもう若くはない婦人にしては驚くべき力強さ、だ。演奏の気風について言うならば、彼女の演奏は非常に権威があり、知的で、正確に作曲者の考えを伝えるものであったが、少しの誇張もなかった……」

（前書、六―七頁）

クララ・シューマン自身は、ブラームスへの手紙の中で、この時のことを次のように書いています。

「至るところでロベルトの大勢の信奉者たちを見つけたことは、私にとって大きな喜びをもたらしてくれました。……略……八日前、私は音楽院でロベルトの協奏曲を弾いたの、そして嵐のような大成功で、こんなこと今までめったに味わったことがなかったくらい。今日も、私の二回目の昼の室内楽会で交響的練習曲を弾いたけれど同じだったわ。とにかく個々の人たちは私が思っていたよりずっと音楽的だって分かったわ。……」

（ジトミールスキー『シューマン夫妻』モスクワ、一九六二年、五〇–五一頁）

クララ・シューマンにとってそれに劣らずうれしかったことはモスクワの音楽ファンやコンサートの企画の立役者たちから得た印象だけではなく、一八六四年四月八日、同じ曲目で彼女が弾いたペテルブルグのコンサートでした。そこでクララ・シューマンは「経済的に苦しい学生のために」コンサートをしたのですが、そこには一八〇〇人も出席し、このピアニストを非常に驚かせたのでした。

D・V・スターソフ（弟）に宛ててペテルブルグから彼女は手紙を書き送っています。

「ニコライ・ルビンシュテインは二つ返事で、それはもう至れり尽くせりで、私からすればアントン・ルビンシュテインと全く同じですわ。芸術家たちの中でこの二人の兄弟のようにこんなに良い性格の人たちにはめったに会えませんことよ」

（前書、五一–五二頁）

ところでクララ・シューマンよりも二、三か月前にモスクワを訪れていたのがリヒャルト・ワーグナーでした。その当時ワーグナーの生活はかなり複雑でした。『タンホイザー』の不成功以後、自らにふりかかった無理な負担によってこの作曲家はペテルブルグ・フィルハーモニー協会からの招きで二回コンサートを振ることを受け入れました。

ロシアではこの当時R・ワーグナーの音楽は事実上知られていませんでしたし、知っている曲目と言えば、交響楽コンサートとして演奏される彼のオペラの中の管弦楽曲の断片というところでした。でも紙上ではワーグナーとその美学についての活発な議論がなされており、したがってこのドイツ人音楽家の名は多くの人たちにとって「聞いたことがある」ものでした。

ペテルブルグでのワーグナーのコンサートは二月十九日、二十六日に行われました。三月六日ペテルブルグ大劇場では三回目として寄附興行が催され、ワーグナーのコンサートがあり、また三月の十三、十五、十七日にはモスクワのボリショイ劇場でワーグナーのコンサートが行われました。ここでもペテルブルグと同様、ベートーヴェンの交響曲第3番、5番、6番、7番そして8番が演奏され、グノーの『ファウスト』

より序曲、ワーグナーのオペラ『タンホイザー』『ローエングリン』『ニュルンベルクのマイスタージンガー』『ニーベルングの指輪』のワルキューレ、ジークフリートから断片が演奏されました。

モスクワにワーグナーがやって来たことは、この都市の音楽生活にとってとんでもない大事件でした。それはモスクワの音楽家たちが天才的な作曲家に個人的に接したということだけには終わりませんでした。その日この巨匠と直接交流する機会を得た人々それぞれにとっては間違いなく最大の心的体験であり創造的な刺激でした。その

リヒャルト・ワーグナー

人々とはワーグナーを招いたルビンシュテイン、自らの屋敷のドアをモスクワの音楽家とドイツからの客が自由に会うために開放したアルブレヒト、そして当日ヨーロッパの巨匠音楽家と話を交わしたその他の多くの人々のことです。

それでもやはり重要なことは別にあ

りました。ワーグナーのモスクワ訪問は、この都市には一定のコンサート文化があり、準備のできている聴衆がいて、さらには作曲家の複雑極まりないスコアを巧みにこなすばかりか交響楽団に対する作曲家の高度な要求を満たすことができる力量のプロの音楽家たちが十分な数そろっている、ということの確認になったのでした。

ワーグナーの指揮法はロシアの聴衆を驚かせました。このような視点からみて極めて特徴的なのは批評家F・M・トルストイ（文豪とは別人＝訳者）の反応です。この人物は当時として普通ではない指揮法を理解していませんでした。聴衆に背を向けて立ち、管弦楽団員に「何か秘密めいた電信記号のような合図を利用して説明していた」と記したのでした。当時、このようなヨーロッパの巨匠の行動が、いかに不可解で非論理的なものに思われていたか、については同じ批評者の次の行が語ってくれるでしょう。

ワーグナーは「かような、見慣れない指揮の方法によってオーケストラを困らせているだけだ。なぜならばコンサートの指揮者というのは生きたメトロノームである以外に他にはありえないし、その神聖な義務、それはオーケストラが拍を間違えないように見張ることである」
（「北方の蜜蜂」紙、一八六三年三月二日）

もちろん、紙上で検討されたのは、指揮者ワーグナーの技術的な革新ばかりではありませんでした。しかし評者らが、いの一番に注目したのは本質的に言ってロシアにおける指揮演奏の発展をにらんだものでした。

オドエフスキーはこのテーマについて考え、こう書きました。

「ワーグナーの指揮法について二、三言おう。それは我が国の室内楽人に影響を与えないではいられまい。ごく少数の者（たとえば、N・ルビンシュテイン）はすでに本物の芸術の道を歩いているが……略……ワーグナーは決定的にオーケストラを演奏している。若干の条件合図を用いて彼は気の向くままに、時折は、もしかしたら瞬間的なインスピレーションによってありとあらゆるニュアンスを生み出し、たった一つの楽器演奏でどのようにでもしてしまう」
（「音楽と文学の遺産」モスクワ、一九五六年、二五九―二六〇頁）

エクトール・ベルリオーズの風刺画

三年後の一八六七年十二月、モスクワではもう一人の傑出したヨーロッパの音楽家エクトール・ベルリオーズのコンサートが行われました。クララ・シューマンと同様、ベルリオーズのロシア訪問は二度目でした。最初の演奏旅行（一八四七年）は、この作曲家にすばらしい印象を残しました。まさにこの時、フランスの音楽家はロシアの同僚たちと多くの友好関係を結び、V・V・スターソフ（兄）とA・F・リヴォフとは文通を始めました。公共図書館に署名入りで自作『テデウム』を寄贈し、ロシアのプロたちに自分の書いた『管弦楽法』がどのようにして知られていくかを興味深く見守っていたのでした。

一八六七年、ベルリオーズはペテルブルグの帝室ロシア音楽協会のコンサートを指揮するよう招待されることになり、その後、帝室ロシア音楽協会モスクワ支部の代表者の特別な請願によりモスクワに行くことになります。モスクワでのベルリオーズのあるコンサートは最大限に広い講堂で行われ、それはこの音楽家を驚かせました。

「見たこともない……略……十分広いホールだ」ベルリオーズは続けて書きました。「彼らはマネジ・ホールでそれをしようと考えたのだ、それは我が国のエリセイ広場にある産業会館の中央大ホールと同じくらい広い場所だ。それは手の込んだやり口だ、私には狂気の沙汰に見えるが、うそみたいな大成功になるか。演奏者は我々五〇〇人だが聴衆は警察の算定では一万二五〇〇人だ。『ロメオとジュリエット』から『饗宴』と『レクイエム』より『奉献頌（オフェントワール）』の後に起きた拍手喝采については書きようがない……略……それは自分の音楽人生の中で起こすことができたすべての印象の中で最大のものだ」（『ベルリオーズ書簡集』二巻、一八五三–六六。一九八二年、二二三–二二四頁）

このコンサートの日、モスクワの音楽家たちは偉大な作曲家の勝利祝賀会を挙行しました。オドエフスキーは自分の祝辞を次のような言葉で締めくくったのでした。

「……熱狂と満足で震えている聴衆は、彼の魔法の棒の合図で精神が酔ってしまったと感じていた。彼は味わっていなかったのだろうか、穏やかで、黙々としていて、それよりもずっと輝いて燃えているような感情の高まりを?……略……彼について、そのすばらしい傑作について数々の想い出をずっと持ち続けているモスクワの人々のことをどうか彼が覚えていてほしい」

(オドエフスキー「前掲書」一九五六年、三三二頁)

♪第8話　モスクワ音楽院の創設

一八六六年九月一日はモスクワの音楽生活史上、最も記念すべき日になりました。ヴォズドヴィジェンカとアルバート横丁の角にあったチェルカッソワ男爵夫人の邸宅にて、新しい教育機関――モスクワ音楽院の開校式が行われました。

尋常ではない程大勢の人々が集まりました。N・G・ルビンシュテインのスピーチの後、帝室ロシア音楽協会モスクワ支部長V・F・オドエフスキー、未来の教授F・ラウプとチャイコフスキーは音楽の夕べを催しました。そのプログラムに含まれていたのはベートーヴェンの室内楽作品でしたが、でも他の誰よりチャイコフスキーのたっての願いでグリンカの音楽が響きました。その象徴的な意味は参加したみながよく理解していました。すなわち創られたのは国立のロシアのコンセルバトワール（音楽院）なのです。それはこの国の音楽芸術に従事するためのプロフェッショナルを準備教育すること、グリンカの外にも優れた作曲家を養成すること、そして音楽院のドアを「開けてくれる」作品を書くような作曲者たちを養成すること！でした。

この日のことは大勢の記憶に刻まれました。祝賀行事に参加した各々は偉大な歴史的大事件に接していることを自覚していました。まだはっきりしていなかったのはこの教育機関の運命であり、その卒業生にとっては五里霧中で将来が見通せず、活動の経済的な基盤は不安定でした。でも音楽院開設者たち誰より院長で組織者たるルビンシュテインの情熱は将来の生徒や教師の精神に自信と楽観主義を住まわせました。

当初、音楽院は教育を希望しているすべてを受け入れていました。入学条件としてはほとんど唯一の条件がありましたが、それは十四歳に達していること、読み・書き・算数ができ、楽譜を知っていることでした。最初の二・三年、その存続のために音楽院自身が出していた広告には、音楽院での教育を望む者は自由に入学を許可する旨が強調されていました。

モスクワでも、ペテルブルグの例にならって特別教育コースを設置することの必要性と時期については帝室ロシア音楽協会モスクワ支部の仕事の最初から話題になっていました。組織者たちはその生徒たちを高度に特別教育することにねらいを定め、そのために自ら準備をしていました。すなわち新しい教育課程を開発し、新しい教員を招きました。しかし、とりわけ活発に発展したのは一八六五年末から一八六六年初めにかけてであり、それはモスクワに音楽院を開設する許可が下りた時で、それに続いて、その院長としてルビンシュテインの承認がなされた時でした。新しい領域でのルビンシュテインの主な活動方向は、質の高いプロフェショナルな教授陣を数か月間で組むことに向けられました。

さらに音楽院開設の準備としてルビンシュテインは、音楽史担当としてA・N・セローフを招聘しました。おそらくすでに一八六五年、セローフがマホーヴァヤの大学で「音楽劇としてのオペラについて」を講義した時に予め根回しがあったのではないでしょうか。しかし多くの理由によって当のセローフはこの栄誉ある提案を断ってしまいました。

しかしルビンシュテインは気を落としませんでした。

積極的に粘り強く、彼の言うところによれば、ロシアのプロの音楽家を育てる仕事に値する人物を捜しました。彼が示した要求水準にあわせ、最も望ましい人々すなわちハンス・フォン・ビューロー、ポーリーヌ・ヴィアルド、アントン・グリゴリエヴィチ・ルビンシュテインです。残念なことに、モスクワ音楽院の初代院長からの申し出を思いとどまる十分に重い理由がそれぞれにありました。

そしてN・G・ルビンシュテインは、名はそれほど知られていないけれど才能がある若手の音楽家を間違わず鋭敏に選びました。この国の新しい世代のプロフェッショナルの中から最も輝かしくて興味をそそられる人物に白羽の矢を立てたのです。

モスクワ音楽院が置かれた、ヴォズドヴィジェンカ交差点と
アルバート横丁の建物

その人物の一人こそピョートル・イリッチ・チャイコフスキーです。

ここで再び本題から少し外れることにしましょう。今回は、モスクワにやってきた二五歳の若者で、その名はわずか数年の間にロシアの音楽活動家連が居並ぶ列席において最も有名になる人物です。

♪第9話　ピョートル・イリッチ・チャイコフスキー（一八四〇―九三）

ピョートル・イリッチ・チャイコフスキーがモスクワの住人になったのは、大分後になってからのことでした。ウラル地方の小都市で生まれた彼は一〇歳の時、ペテルブルグに移りました。当地で祖国の有名校の一つである法律学校でチャイコフスキーの系統的な教育が始まりました。

母や故郷の家との別離に耐え難く、彼はいつまでも新しい生活に慣れることができませんでしたし、この街にすっかり順応することができませんでした。

それでも一八五九年五月、ついに学校を卒業したチャイコフスキーは法務省の官吏として九等文官の職に就き、国のありふれた役人として自身にとっては苦しみの生活を始めました。

学生時代と同様、唯一チャイコフスキーの生活において「帝都の不遇」を楽にしてくれたものは音楽でした。

チャイコフスキーはオペラのファンでしたが五〇年代にペテルブルグを支配していたアントン・ルビンシュテインの音楽サークルと知り合ってからは、彼の才能を心から崇拝するようになりました。

弟モデスト・ペトローヴィチ・チャイコフスキーは、アントン・ルビンシュテインに対するチャイコフスキーの関係を回想して次のように書いています。

「一八六〇年か、六一年のことだった……略……ベロセリスキー公爵家でチャリティショーが開かれました。ピョートルと私たち（双子の弟モデストとアナトーリー＝訳者）は聴衆の中にいました。そしてその中にはアントン・グリゴリエヴィチ・ルビンシュテインもいたのです。彼はまさにその独特な、もしもこういう表現が可能ならば、天才的な人物が放つ驚くべきオーラは美しさの最盛期にあり、しかも当時すでに芸術家としての栄光の頂点にありました。兄ピョートルはその時初めて私に彼を教えてくれたのでありますが、四〇年経った今でも将来の生徒が自分の将来の師を眺めていた時の興奮や熱中や深い尊敬を自分の記憶として生き生きと思い出すことができます。

彼はもはやステージは見ていず、まるで恋をした若者のようにわくわくしながら、まだ自分の手には届かない美女を遠くから目で追っているようで、自分の『あこがれの的』から目を離さずに、幕間の休憩にはこっそりと彼に近づいて彼の声を聴こうとし、彼と握手できた幸せ者たちをうらやましそうに見ていました。

本質的に言って、この感情は……略……ピョートルが棺の中に入るまで彼から離れることはありませんでした。……略……

精力的で、非の打ちどころのない潔癖な活動家として、また天才的な芸術家として、そして良心にもとるいかなる行為もすることができず、ペテンの敵に疲れることなく、勝ち誇ったような不品行を堂々と無視し、いかなる譲歩をも認めない人間として、つまるところ疲れ知らずの働き者として、まさしく彼はピョートル・チャイコフスキーの芸術活動に深い痕跡を残した、疑う余地のない本当の教師でした。……略……」

（モデスト・チャイコフスキー『ピョートル・チャイコフスキーの生涯』三巻、モスクワ、ライプツィヒ、一九〇〇年、三三〇–三三二頁）

この頃チャイコフスキーは自分の生活様式を変える決心をする方向に、ますます傾いていきました。音楽は彼を置き去りにすることはなく、今までより以上に彼を虜にし、生活と音楽とを結びつける機会を持つよう常に誘惑していました。そして、突き動かされるような精神の要求、好奇心、興味、そして成し遂げることの正当性を感じ取ろうとする本能から、二〇歳のチャイコフスキーは専門的な音楽教育に向かって進んでいたのでした。

幼児期、青年期の音楽レッスンはチャイコフスキーにとっては難はなく、毎日の学習のリズムをつくる一部として役立ちました。音楽の練習は楽しみでした。一八六二年九月十日、チャイコフスキーは妹のアレクサンドラに次のように書いています。

チャイコフスキー（1870）

「私は新しく開設された音楽院に入りました。その講座は朝から始まります。昨年までは御存知のように私は音楽理論を非常に多く学びましたし、今でははっきりと確信できるのです。自分は遅かれ早かれ音楽の仕事に代わるだろうと。私が大芸術家になろうなどと思っていると考えないでいて欲しい。私はただ自分の才能が自分を引っ張っていくことを仕事にしたいのです。私が著名な作曲家になるか、それとも哀れな教師となるかは分かりませんが、でも私の良心は平穏でしょうし、私は自分の運命や人々に対して不平を言ういかなる権利も持たないでしょう。もちろん私は自分が芸術家であって役人ではないと最終的に確信するまでは決して投げ出してしまうことなどありません」

（『前掲書』、五七頁）

数か月を経て確信は現実の事になりました。一八六三年五月チャイコフスキーは正職員としての仕事を公式に辞すことになりました。給料もなく、仕事もなく、立場もなく、失ったことを埋め合わす今後の見通しへの確固たる考えもなく、彼は音楽専門学校の学生としての生活を始めました。それはあらゆるプラスの面とあらゆるマイナスの面を持ち合わせていました。他の学生たちと一緒に課業をこなし、はじめて創作するという重要な体験、新たな音楽的体験、精密な古典研究、偶像の入れ替わり、失望、あこがれ、そして音楽芸術における独自の道の探究……

学びの日々はたちまち過ぎていきました。やがて卒業試験の時がやってきました。

そして、まさにこの試験勉強の真最中にチャイコフスキーは新しく開設されたばかりのモスクワ音楽院の講師としての職に公式に招聘されることになったのです。

ペテルブルグに来ていたニコライ・ルビンシュテインは兄アントン・ルビンシュテインの推薦した候補者二名の同級生、G・クロスとP・チャイコフスキーから選んだのでした。兄アントン・ルビンシュテインの意見によれば前者の方がより好ましいとのこと。音楽家としても人間としてもより成熟している。G・クロスは個人的な教育経験を有していて優れた理論家でピアニストでした。

しかしニコライ・ルビンシュテインは自分自身の印象を信じたいと思っていました。彼は

「別々の時間に二人の候補者を自分のホテルに呼び、兄から得た助言に逆らってチャイコフスキーの方を選びました。彼こそその存在感と人となりのすべてによって好ましい印象をニコライ・ルビンシュテインに起こさせたのでした」

（カシキン『N・G・ルビンシュテイン』「ロシアの思想」モスクワ、一九〇六年四月号、二六頁）

こうして、チャイコフスキーは卒業試験が終わるのと同時にモスクワに移り、開設まもないモスクワ音楽院で予め指示されていた職責で音楽クラスの講義を担当することに決まったのです。

♪第10話　チャイコフスキーのモスクワデビュー

モスクワの音楽家たちは、異常な程喜んでチャイコフスキーを迎えました。仕事上の新しい同僚たちの中にあってチャイコフスキーは誠実な友人を沢山見出しました。それはK・K・アルブレヒト、N・D・カシキン、そしてユルゲンソンでした。チャイコフスキーの友人の輪は、ますます愉快で広がりのあるものとなり、その中にはA・I・ドゥビュ―ク、A・ドール、パリ音楽院の学生Yu・ヴェニャフスキー、K・クリンドヴォルト、A・D・アレクサンドロヴァ＝コチェートヴァ、V・N・カシペロフ、A・R・オスベルク、G・ガリヴァーニ、F・ラウプ、B・コスマン、L・F・ミンクス、そしてもちろんN・G・ルビンシュテインもです。

まさしくこの音楽院の最初の時期にいた教師たちの話し合いの場で新しい教育機関の指導プランと教授プログラムや学生の指導原理、そしてもちろん財政面の検討も審議されたのでした。いろいろな問題の最初のブロックは比較的容易に解決されました。教授内容・指導法の非常に多くの問題が首尾よく検討されることができたのは、この上ない教師陣のプロ意識のお陰でした。ロシアで二番目に誕生したこの音楽院には申し分のない教育力が結集していたのです。さらにとても重要なことなのですが、これらの力は当時、共通の目的によって結束し、つながっていたのです。

モスクワ音楽院でもペテルブルグ音楽院と同様、第一の地位を占めたのはピアノ科であり、ここでも最上位にいたのはルビンシュテインでした。ピアノクラスの学生たちのレパートリーは本格的で多彩なものでした。たとえばバッハの「前奏曲とフーガ」、リスト編曲のバッハの「オルガン・フーガ」、ベートーヴェン、シューマン、ショパンの「ソナタ」、ベートーヴェン、ウェーバー、シューマン、グリーグ、サン・サーンス、ブラームス、A・ルビンシュテイン…の「協奏曲」です。

徐々に音楽院のピアノ科の指導にルビンシュテインは当時の権威ある他の教育者たちを引き入れるようになりました。すなわちヨーゼフ・ヴェニャフスキー（ゲンリク・ヴェニャフスキーの弟）、ウィーン出身の著名なピアニスト・アントン・ドール、名高いモスクワの教育者A・I・ドゥビューク、そしてさらに中でも最も大物だったカール・クリンドヴォルトです。

「このコンサートではアレクサンドロヴァ女史のたくさんの男子学生とある女子学生を聴いたのだが、彼女、彼らの才能が良質な熟練した手ほどきに出会えた御成功をお祝いしたい。アレクサンドロヴァ女史は、何人かの声楽教師のような、自分の教え子たちのへたなトリルや粗い装飾音によって聴衆の目をくらませるという空しい努力をしなかった。明らかに女史は何よりもまず発声器官の自然的な発達と強化を促すように努め、そしてまた素朴に、ふつうに声を出すことを促すようにした。……略……ところで、そのことこそあらゆる声楽芸術の価値があるのではないだろうか？　歌をコロラトゥーラ的に装飾するよう生徒たちに強制することと程声を台無しにしてしまうことはない。そのためには、十分に強化された、しっかりできあがった声が必要なのだ。アレクサンドロヴァ女史は教育のこのような繊細さを軽んずることはなく、しかもそのことを前面には出さないように自分のあらゆる注意を、広く解放された歌唱に向けていたのだ」

（『チャイコフスキー全集―作品と往復書簡』一二巻、モスクワ、一九五三年、一四三―一四四頁）

モスクワ音楽院の声楽科はA・D・アレクサンドロヴァ＝コチェートヴァと同時に、六〇年代にA・R・オスベルク、V・N・カシペロフ、B・ヴァリゼクを招き、しばらく後にはJ・ガリヴァーニが加えられました。

チャイコフスキーは音楽院で、楽理初歩、和声そして楽器法を教えました（楽器法は作曲法と融合され『自由作曲』となりました）。なかでも重視されたのは和声の課程でした。チャイコフスキーの教育指導の成果は『和声実践研究（一八六九―七二）』となって大成されましたが、それはロシア古典派作曲者の最初の教授＝指導法著作です。

もしも職種上の諸問題が前向きに首尾良く解決されていたならば、財政的な問題からははるかに解放されていたでしょう。音楽院の収入ははなはだ不安定でした。

モスクワに教育機関を設けるための資金は、音楽協会の設立の時期から集め始めていたのにもかかわらず、また音楽院のための多数の寄附金もあったにもかかわらず、コンサート収入からの差引額、つまり資金は危機的に不足していました。

学費として入ってくるお金は、教員たちの給料としての支払い分を補填することさえとても無理でしたし、維持費としての支出に必要な総額を償うこともできませんでした。少なくともこう言えるでしょう。一人の教授のレッスンを受ける者は年額で一二五ルーブル、助教授であったなら一〇〇ルーブル、楽理クラスの聴講は五〇ルーブル、音楽史なら二五ルーブル、美学及び芸術史は二五ルーブル、合唱は年額五ルーブルです。しかも、これらの総額は音楽教育を習得したいと願っている多くの者にとって破格の授業料だったのです。

建物の賃借料、仕事量、財源の出費に関する諸問題はルビンシュテインにとってずっと長い間、最も痛い問題であり続け、何度となく敗北や破産の公式宣言を考える重苦しい瞬間に陥ることもありました。

状況が改善されはじめたのは仕事を始めて五年が過ぎてからのことでした。一八七一年、音楽院の人々は新しい建物に移りました。それはボリシャヤ・ニキーツカヤ通りのヴォロンツォフの家（現在の音楽院がある所）でした。学生数もかなり増え集団指導クラスも編成されましたが、最も大事なことはＩＲＭＯ（帝室ロシア音楽協会）モスクワ支部の長の懇願によって音楽院の必要経費として総額二万ルーブルが市議会の年度支払額でなされると定められたことです。加えて三万七〇〇〇ルーブルが、毎年、各私立学校に合唱クラスを設けるために支出されるようになることでした（これについても音楽院とＩＲＭＯが求めていたことでした）。

おそらく経済面での問題が解決したことによって音楽院の状態は安定し、その後は輝かしく陽が陰ることのないものになっていったのです。しかし七〇年代にも八〇年代にも、この音楽教育機関の指導者は広がる一方の借金から自分たちの子供を救い出さなければなりませんでした。

こうして、とりわけ一八八五年にはユルゲンソンが音楽院の借金を引き受け、臨時にＩＲＭＯの出納に五万ルーブルを入れました。

音楽院は明らかに財源的には割の合わないものでしたが、社会生活の中にまったく別の独自の位置があることをよりはっきりと確信させるようになっていったのです。

モスクワは、この新しい教育機関の行く末をじっと見つめていました。

何よりもそれは次のような理由からです。音楽院ができて最初の数年間、その存在は「街にできた新しい物」すなわちニュースであり、モスクワっ子たちは、それについてまだ親しみを持つまでには至らずも、この音楽院に関することすべてに対して大いに関心を持っていたからでした。

第二に、この音楽院は発展していくにつれて、ますますこの都市の音楽生活センターとして身を乗り出していったからです。音楽マニアであってこの音楽院と近づきにならないでいることは当時、はっきり言ってあり得ないことだったからです。

音楽院の学生たち、聴講生たち、そして教師たちは事実上この街のすべての音楽の催しもの、交響楽の夕べ、室内楽の夕べ、オペラ興行の常連であったからです。しかも積極的に出演者となっただけではありませんでした。音楽院の人々の意見は、しばしば一般の人々に対して決定的な影響を与えることになり、彼らの評価がモスクワの芸術界に関わりのあるいろいろな人物の社会的権威に大きな影響を及ぼしたのでした。こうして音楽院の人々は次第にこの街の音楽創造を進める上で非常に大きな役割を演じ始めました。そしてモスクワっ子たちは、それを感じないわけにはいかなくなったのです。

そして、ついに不動のものとなりました。長年にわたってモスクワ音楽院は、ただの名の知れただけの学校にとどまってはいませんでした。それは祖国の音楽芸術の「神々」ニコライ・グリゴリエヴィチ・ルビンシュテインとピョートル・イリッチ・チャイコフスキーが住む、それなりの知己の場所になったのです。

前者は当時のモスクワにおいてファンタスティックな栄誉と人気をほしいままにしていたのですが、ラロシュが次のように書いています。

「このようなことを他に見つけるのは難しい。まだ三〇歳を待たずして県庁所在地書記（十二等官）のルビンシュテインが地方の一有名人から見事に、最も重要な古参の人々と同じように身を処し、あらゆる種類の社会的な祝典に主教職として招かれるまでになるとは。モスクワは巨大な街であるにもかかわらず自らの活動を閉ざして、多くの点で文化的には地方的な特徴を呈していたが、ニコライ・グリゴリエヴィチ・ルビンシュテインはうつむくこともなく、ブルジョアぶることもなかった。奇妙ではあったかもしれないが、彼の名手としての才能（すべての多くの才能の中で最も輝いていた）は、開花し、豊かになった。すなわち彼のピアノ演奏の完全さは年とともに円熟し、天才的な兄と比肩されるようになり、そして、まともな力量、明快さ、そして技術的なディテールの精細さは、ピョートル・イリッチ・チャイコフスキーを含む多くのモスクワっ子が彼を特別にひいきする結果になったのだ」

（「声」一八八二年六月八日、一五七号）

一八六〇年代の後半、「モスクワ音楽界の主人」（N・V・ダヴィドフによる）としてのN・G・ルビンシュテインは頂点にありました。回想録の著者たちは口をそろえてこう指摘しています。他所からやってきた人々はルビンシュテインが住んでいるところを辻馬車の御者にきいてみたり、同じことを初対面の人や誰彼かまわずルビンシュテインの住所を尋ねてみたりすることで満足していたのです。かつてルビンシュテインほど、この街でこのような尊敬や愛着や支持をほしいままにしたモスクワの音楽家は一人もいませんでした。

さらにラロシュは続けています。

「筆者同様この当時モスクワに長く住んでいた者にとってニコライ・グリゴリエヴィチ・ルビンシュテイン氏へのいかなる熱狂と崇拝がいかなる規模であったとしても、それは不意の出来事ではなかった。すなわち彼の人気は以前から確立されてきたものであり、短時間で現れたものではなかった。……略……それはこのような場合のモスクワに特有な激しく燃え上がる熱情の特徴を備え、それにある種、南の首都（モスクワのこと＝訳者）の精神的な性格が加わったものであった」

（「前掲書」、同頁）

チャイコフスキーはルビンシュテインの被保護者としてモスクワに現れました。もちろん彼の名前はモスクワの音楽家たちには知られていたし、彼がデビューしたことも知られていたし、彼の創作における方向性についても注目されていました。でも、そうは言ってもモスクワっ子たちにとってチャイコフスキーはまだ駆け出しの音楽家の名前にすぎませんでした。その当時からチャイコフスキーが「現代ロシアの最も偉大な音楽的天才である」と確信していたのはラロシュのようなごく一部の人に限られていました。

モスクワにチャイコフスキーを招くことはルビンシュテインには、もちろん冒険でもありました。

ペテルブルグ音楽院の若き卒業生に対して「望みを持ちながら」ルビンシュテインはもっぱら自身の本能的な感覚で、この若者の創造的な可能性の豊かさを信じ、またこれらの可能性は必ずや実現すると信じることに支配されていたのでした。

ルビンシュテインの側からすればチャイコフスキーの才能が発揮するように、この作曲家の音楽が聴衆に認められるようにできる限りのことをしましたし、他方チャイコフスキー自身としては、できるだけ早く自分の道を定めようとしていました。

弟のモデスト・チャイコフスキーは、こう書いています。

「誰一人としてピョートル・イリッチの芸術家としての出世という意義をあまり持っていなかったし、誰一人として、友人以上であった偉大な画家でさえも彼の栄光を開花させる助力とはならなかったし、この若き作曲家の臆病な事始めを強く支持し、深く手を差し伸べたわけではなかった。ニコライ・ルビンシュテインの名はピョートル・イリッチ・チャイコフスキーの私的、公的生活のあらゆる所まで細大もらさず編み込まれていた。その細やかな一つ一つのことに、この最良の友人の好意的な影響の痕跡を見つけることができる。当初の頃、大げさではなくチャイコフスキーにとってモスクワのすべて、それはニコライ・ルビンシュテインだった」

（モデスト・チャイコフスキー「前掲書」一巻、二〇九頁）

チャイコフスキーをモスクワに招く際、ルビンシュテインは自分の住居に住まわせました。そしてこの新米のモスクワの日常生活に関する気遣いを惜しむことなくチャイコフスキーができるだけ早くモスクワの芸術インテリゲンツィヤ・サークルの内に自分の居場所を見出せるようにするためにあらゆることをしました。つまり知り合いの家に連れていき、画家、俳優、文学者たちに紹介しオストロフスキーに引き合わせました。

でも大事なことは、チャイコフスキーを創作に向かわせるためにあらゆる手を用いて、この音楽家の精神的な支援をしただけでなく、技術的な援助を提供したことでした。

すでに一八六六年春、ルビンシュテインは集まった大勢の聴衆を前にした寄附興行コンサートで序曲（へ長調）を演奏し、チャイコフスキー音楽の最初のモスクワ・プレミアショーを開いたのです。

弟アナトーリーへの手紙の中でチャイコフスキーは次のように書いています。

「……前略……ルビンシュテインの金曜日のコンサートで我が作品である序曲が演奏され成功だった。私は異口同音に呼び出され、高尚な文体で言ったようなあいさつ調の大声や拍手によって迎えられたと言うことになる。私の自尊心にとって、よりうれしかったことはコンサート後にルビンシュテインが催してくれた夕食会で私に対して行われたオベイションだった。私が一番後からこのホールに入ろうとした時、とても長く拍手が鳴りわたり、それで私はひどく不器用にあちこちに向かっておじぎをし赤面した。食事中ルビンシュテインに杯を捧げた後に、今度は彼自身が私のために乾杯の音頭を取ってくれ、そしてまたもやオベイションになった。君にこのことすべてをこんなにも詳しく書くのはなぜかと言えば、本質的に言ってこれが私の最初の公演の成功であり、またそれゆえ自分にとってもとても心地良かったからだ。（さらにもっと詳しく言えば、このレセプションでたくさんの音楽家たちが賞讃してくれたからだ。）隠さずに言うが、このことが私の目にはモスクワにたくさんの魅力を付与したと思えたのだ」

（『チャイコフスキー全集』五巻、一九五九年、一〇四頁）

チャイコフスキーの作曲家としてのモスクワデビューは、地方誌紙も反応しました。「アントラクト」紙には次のようにコメントしている記者の批評が現われました。

「チャイコフスキー氏の作曲家としてのすばらしい才能に注意を払わないという手はありえないだろう。ルビンシュテイン氏のコンサートで演奏された序曲を作曲したのがチャイコフスキーだ。そこでは氏の才能がいかんなく発揮されている。我々はこの若き作曲家が自らの舞台において成功を収めることを望み、彼が我がモスクワで必要な支持を見出せるように期待するものである」

（アリシュバンク『ピョートル・イリッチ・チャイコフスキー』モスクワ、一九七〇年、一一五頁）

一八六七年一月ルビンシュテインはデンマーク国歌に先んじてチャイコフスキーの序曲を演奏しました。「モスクワ報知」紙に掲載された批評によれば、この序曲は成功し、「大拍手を以って聴衆に受け入れられた」。

同じ年の十二月、帝室ロシア音楽協会の第二回交響集会において、チャイコフスキーの『性格的な舞曲』が響きわたり、「大成功を収めた。ユルゲンソンは四手連弾編曲を出版しようと考えていました」。弟への手紙の中で作曲者は、そう書いています。

しかしモスクワでのチャイコフスキーの最初の大きな創作は交響曲第1番でした。この仕事は、いつになく難航しました。彼は創作的な迷いとひどい緊張によってへとへとに疲れ果て強度のうつ状態でした。加えてチャイコフスキーのペテルブルグの師たち、つまりA・G・ルビンシュテインとN・I・ザレンバによるこの作品への手厳しい評価は、意図した道を正しいと信じていた作曲者の信念を打ち砕き、自身の創作的な探究をひどく破壊することになりました。

ルビンシュテインだけが、この時期この作曲家に自身の力への確信を抱かせることができた唯一の人だったのです。彼の助言に従ってチャイコフスキーは交響曲第1番に若干の手直しを行い、一八六八年この作品はN・G・ルビンシュテインによって初演され、作曲者はルビンシュテインに謝意を示し最初の大曲であるこの交響曲第1番を捧げました。

一八六八年二月十九日モスクワでチャイコフスキーは指揮者としてデビューを飾りました。尋常ではないほどのはにかみ屋で、情緒的であったチャイコフスキーを迫りくる心的印象が激しく揺さぶりました。カシキンは、このコンサートを回想し次のように書いています。


「……略……チャイコフスキーが入ってきたが、私は一見して彼が完全にあわてふためいているのがわかった。彼はステージ上のオーケストラの団員の間を歩き、少しかがむようにして隠れることが正しいかのように努め、そしてやっとのことで指揮者の場所までたどり着くと絶望状態にある人間の顔をした。彼は自分の作品を全く忘れていてスコアがわからなくなり実際には出番ではないところで団員に合図を送っていたが、幸運なことにオーケストラの方はこの作品を良く知っていて、間違った指示には構わず「舞曲」を完璧に演奏し、この作曲者を見て笑っただけであった。後に私に語ったところによれば、チャイコフスキーは恐怖からだと思えたのだが、まるで自分の頭をまっすぐに保てず、曲がってしまい、ずっと、もっぱら頭を保つ努力だけをし続けていた……」

（カシキン「前掲書」一八九七年、五一頁）

聴衆には指揮者の混乱は気付かれずに済んだ。そして「モスクワ報知」紙には次のような記事が載った。「このコンサートの第三部は、音楽院教授P・I・チャイコフスキーの作品、オペラ『地方長官』の中から「舞曲」で始まった。劇場の大ホールでは、この作品は、貴族会館ホールよりも効果的であった。聴衆は大いに拍手喝采し、何度かチャイコフスキーを呼び出した」

（「モスクワ報知」一八六八年二月二十三日）

しかも同年二月二十三日には「アントラクト」紙に『モスクワのコンサート年代

記』と題する作者不明の批評が載り、チャイコフスキーの才能の国民的な本性を強調し次のような予言的な言葉を含ませています。

「……略……ほとんどすでに完成されている才能……略……若き教授で、モスクワ音楽院というロシアの構成分子の、大勢いる創設者の一人チャイコフスキー氏をお祝いしよう。彼のオペラ『地方長官』からの一曲「舞曲」は大いなる才能を示している。彼とダルゴムィシュスキーの手法との若干の類似性を批難してはならない。初期において模倣というものは音楽の偉大な創作者でさえもありうることなのだ。しかし、もうすでに大胆なスケールの広さ、テーマの導入と展開の名人芸、オーケストレーションにおける多様なセンス、そして民族的な色彩、輪舞や民謡の節を生かす真似のできないようなメロディー……略……」

（「アントラクト」紙、モスクワ、一八六六年、第八号）

作曲家としてのチャイコフスキーの創作はモスクワの人々によってますます親しみを持って迎えられるようになりました。チャイコフスキーは次第に、大好きな、際立った「我等が」モスクワのタレントとなり、その発展に対してモスクワの音楽マニアたちは特別な関心をもって見守るようになりました。

輝かしく精力的な仕事をし、いつも何かを探し求めているような音楽家としてのチャイコフスキーの権威は六〇年代に強められ、ついにオペラ・デビューとなりました。自作の最初のオペラ『地方長官』をチャイコフスキーはほとんど一年半で書きました。この作品の作曲に取りかかった時、彼には劇音楽の分野における仕事の経験もなく、このジャンルについての何の明確な考えを持ち合わせていませんでした。この主題の選定自体も、かなり偶然的な成り行きまかせであったのです。弟モデスト・イリッチ・チャイコフスキーの回想によれば、

「彼（チャイコフスキー＝原著者）が音楽に身を捧げるようになって以来ほとんど彼が夢見ていたのは、最も愛されているロシアの演劇、オストロフスキーの『雷雨』のテーマでオペラを書くことだった」

（モデスト・チャイコフスキー「前掲書」一巻、一九〇〇年、一九一―一九二頁）

でも、この夢は天命によって実現されなかったのです。モスクワでチャイコフスキーはオストロフスキーから知ったのですが、この主題はすでにV・N・カシペロフによってオペラ化されていたのです。ずっと前からの企画は断念せざるを得なかったのですが、唯一実を結んだのは学院での演習として一八六四年に書いた序曲として残っているものだけです。

オストロフスキーはチャイコフスキーにオペラ作品の原作として自分の別の小品を使うよう提案しました。それはロシアの古事を扱った『地方長官、あるいはヴォルガでの夢』でした。この作品を喜び、仕事を始めたチャイコフスキーでしたが、急速にその熱が冷めてしまいました。たとえオストロフスキーの創作であっても劇作品をオペラ芸術に「編曲」する試みに興味を失ってしまったのでした。

劇作家は約束を守らず台本の半分だけ書き終えたのですが仕事をそのままにし、始まりの部分の完成は作曲者自身が行わなければなりませんでした。もちろん、すべてこのことの最終的な結果については言うまでもありませんね。

一八六九年一月にランプの灯がともったチャイコフスキーによる最初の、この大きなオペラの仕事の過不足についてこれ以上述べるつもりはありません。言っておきたいことは唯一つ、ボリショイ劇場で行われたオペラの上演は成功に終わったということだけです。批判気分で一杯だった同僚たち、中にはカシキンもいたのですが、彼らの考えは、「これは我々自身の成功である。多くの点で未完成なこの作品ではあるがモスクワ市民のチャイコフスキーに対する習慣的・好意的な態度に負っている所が大きい」というものでした。さもありなんことです。ましてあろうことかチャイコフスキー自身は自らの作品を批判的に評し『地方長官』をボリショイ劇場で何回か上演した後、スコアを破棄してしまったのです。

でも今の私たちにとってまったく別のことが注目されます。つまりモスクワの住民は当時すでにロシアの作曲家たちのオペラの上演から疎遠になっていたのですが、彼らはチャイコフスキーのオペラ作品に注意深く接し共感をもって知覚したのです。いずれにせよこんな証言が保存されています。オペラの上演が終わると、作曲者に月桂冠が手渡され、すさまじいオベイションが起こり何度もカーテン・コールで呼び出した、と。

『地方長官』の上演前、すでにチャイコフスキーは次のオペラ『ウンディーナ』のための仕事を始めていました。それはドイツの作家ド・ラ・モット・フーケのロマンティックなおとぎ話の主題によるものです。しかし今度は、このオペラは劇場の管理部によって上演は受け入れられませんでした。ボリショイ劇場ではそれなりの「補償」として、このオペラの断片が演奏されました。しかしこの作品のスコアも『地方長官』のスコアと同じ運命をたどりました。というわけでこのオペラも作曲者自身によって破棄されたのです。

まあ多分これはチャイコフスキーの最初の重大な「モスクワ」敗北ということになるのでしょう。もちろん、ここでの多くのことは作曲者自身の未経験に由来するものです。でも、このような順序でボリショイ劇場の舞台でロシアオペラが不成功に終わったのには別の原因もありました。

ここで私たちは再び、物語の年代的な原則からあえてはずれてみることが必要でしょう。ある問題の本質を説明しなくてはモスクワの音楽生活の歴史的過程を理解することがとても難しいのです。

♪第11話　ボリショイ劇場、舞台の光と影

モスクワにおけるオペラ芸術はこの時期かつてないほどに活気づきました。五〇年代からボリショイ劇場で生じた変化は、その活動、意味、方向性においてこの劇場を理解することが非常に困難な、ある種の新しい時代に入ったことを証明しています。

一八六一年からボリショイの舞台を席巻していたのはイタリアオペラであり、ファンを喜ばせましたが、ロシアの音楽＝劇芸術の創設者の面々を憤激させたのでした。まったく、このような成り行きはペテルブルグの古い伝統の名残であって、彼の地ではイタリアオペラは宮廷による手厚い保護をほしいままにし、貴族が好んで訪れ、「プレステージ」とヨーロッパ文化の華麗さの象徴とされましたが、ロシアのオペラと言えば、自らに慇懃な注意を引き起こし、期待が打ち砕かれたとしてもロシア帝国の範囲内でのことであったがゆえに、まだ視野に残存していたのでした。

上流貴族社会の聴衆たちはロッシーニ、ベッリーニ、ドニゼッティらのオペラ、通常これらはヨーロッパの音楽家たちがイタリア語で演奏したものですが、それらの作品を微に入り細にわたるまで通じていた一方で祖国ロシアの作曲家たちのオペラ試作は冷ややかに受けとめていました。しかし、そうはいってもやはり公正を期すために次の事は指摘しておくべきでしょう。ペテルブルグにおけるロシアオペラは専用の劇場を持ち安定した経済的な援助がありましたが、モスクワにおけるロシアオペラはそれに比べてまったく援助を当てにすることができなかったのです。

　そこではロシアの音楽家たちの立場が経済的に危機的状況にあっただけでなく、率直に言えば屈辱的でした。つまり常に劇場主のメレルリが持っていた「イタリアにならえ」式の不平等政策による管理に甘んじざるを得なかったのです。メレルリは事実上ボリショイ劇場でこの時期に起きたことすべてを握っていたのでした。

　メレルリはリハーサルの日程を作成し、それらをロシアの座とイタリアの座に割りふりました。チケット販売の特権についての命令を下しました。イタリアオペラにロシアの歌手を補欠役や、あるいは主役やプリマドンナが病気になった時の代理役とする権利を行使しました。またイタリアオペラの舞台でロシア座メンバーの合唱をさせました。オーケストラ、装飾、衣装、小道具の配分に関わるもめ事を解決する際、イタリア座に優先権を与えていました。

　モスクワにおいてもイタリアの劇団経営のやり方は本質的にペテルブルグの方法と似ていました。

　経済的な利益を考えてオペラ座の基盤は比較的小さな団員数で中ぐらいの歌手で構

成しようとされていました。ですから歌手たちが互いにしのぎを削りあうようなシーズン中にペテルブルグやモスクワに世界的に有名な主役男優やプリマドンナを大役に招く際には、一時的な契約が交わされ、一方常連の聴衆の間ではさまざまなファンのグループができました。

この時期ペテルブルグではアデリーナ・パッティ「党」とクリスチーナ・ニリソン「党」ができ、それぞれ当時の新聞では〝パッティ狂〟と〝ニリソニスト〟と呼ばれ両者の間には熱狂の表現の度合いやファンの気前良さ等で本当の競争が激しかったのです。モスクワでのこのようなスターは、と言えば、フランス出身であったイタリア学派のデジーレ・アルトでした。

新聞「ロシア報知」の記者V・A・ソッログープは次のように記しています。

「アルト姫がステージに現れると、誰もが思うのだ。装飾、照明、衣装、合唱、オーケストラ、そのようなものはすべてどうでもいい。誰もそんなものに注意を向けないのだ。かつてリュドヴィク一四世は、国家―それは朕である、と言ったようにアルト姫はこう言うだろう。モスクワのイタリアオペラ―それは私のことよ！　と。ステージに彼女の姿が見えると、すべての者は釘づけとなり耳を澄ませるのだった。彼女が登場しやすいように、あるいは休憩に入りやすいように、すべてが流れるのであった」

（『モスクワにおけるイタリアオペラ』「ロシア報知」一八六八年十一月二十四日）

当時帝室ロシア音楽協会モスクワ支部の交響楽や室内楽の会では、ロシアの音楽文化やロシア人の器楽演奏家や声楽家はありとあらゆる手段で支持され広く宣伝されたのですが、ボリショイ劇場においてロシア人の演奏家は「三流の」役にあり、イタリア人劇場経営者の支配下にあったのでした。結果は言わずと知れたことですね。

ロシア人の音楽家たちは、わずかな給料しか得られませんでした。それゆえ男性たちは製本業や仕立屋として、女性は縫製やクリーニングの副業をせざるを得ませんでした。イタリアオペラのリハーサルや本番のステージでは一週間に五日、一日に一〇―一二時間の仕事がありました。ロシア座がボリショイ劇場に出演する日数は二日間、さらには週に一日だけとなりました。ロシアオペラを上演する力も時間もありませんでした。

劇場のレパートリーの中でロシアオペラの本数がこの時期二〇本から七本に減ってしまったのは驚くことではありません。ロシア座の歌手の数は十分でなく主だった歌手は去っていきました。すると間もなく多少とも複雑なオペラ作品は、通しで上演することが不可能になったのです。そのかわり一晩の上演として、互いに共通点のない作品の、ある場面を故意にいくつかつなぎあわせたような演出が行われました。さらに冷淡な運命がロシアの音楽芸術やロシアの音楽家たちにとって重なってしまいました。モスクワの劇場を統括していたL・F・リヴォフが帝室劇場館長A・M・ボルフ伯爵とアレクサンドルII世その人の承認を得て、外国人歌手をロシア座に招いたのです。彼らはロシア語を習得しておらず、ロシア語のセリフをいつも棒調子に発音してしまうのでした。この奇妙な現象は長いことモスクワっ子を笑わせ、このような座を「ロシア＝バヴァーリアオペラ」と呼んでいました。このことは一八六三年モスクワにおけるロシアオペラの完全廃止に関する問題が持ち上がる程に至らせました。

それでもやはり一八六四年には状況を変えるために二、三の進歩が受け入れられはしました。でもすべてはきわめてゆっくりと進行しモスクワのボリショイ劇場におけるロシアオペラの復興の過程は何年間も要しました。

この当時、座の成員はかなり多様でした。その中には「ロシア＝バヴァリア」の芸術家もいましたし、自分の声量が衰えたためにイタリア人歌手とともにペテルブルグから移ってきたロシアオペラの声楽家たちもいました（テノールのＩ・Ya・セトフ、バスのＳ・Ｓ・グラーク＝アルテモフスキー）、それにまたアマチュアメンバーの中から抜てきされた若手のモスクワの男声・女声歌手たちがいました。

そのような歌手の中ではＡ・Ｇ・メニシコヴァ、Ｉ・Ｉ・オノーレ、Ａ・Ｄ・アレクサンドロヴァ＝カチェトヴァが注目されていました。

Ａ・Ｄ・アレクサンドロヴァ＝カチェトヴァはモスクワのボリショイの舞台で一八六五年（グリンカの『皇帝に捧げし命』の）アントニーダ役としてデビューし、その後一三年間にわたって首席ソプラノパートを演奏し、その後は教育活動に転じてモスクワ音楽院の多くの若手歌手の養成に力を注ぎました。

彼女の演奏についてオドエフスキーの熱狂的な反響が残されていますが、それはこの歌手のオペラ・デビューが長い時を要しました成功裡に終わったことをよく説明している次のようなものです。

「一瞬の音楽のきらめきにとどまることなく、イタリア人指導者の下で自らの声楽を完成し、彼女は我々が学んだことがないような音楽の科学も学んだ。十分に発達した歌唱のメカニズム、見事なピアノ演奏、和声楽……これらすべては経験豊かな教授がするのと同じように、我々の若き同国人にとってもわかりやすいものであった」

（「前掲書」、一九五六年）

モスクワにおけるロシアオペラ座の男声パートは声楽に関しては女声より強力でしたが舞台演技力については負けていました。

一八六四年チェコ人の音楽家ヤン・シュラメクがボリショイ劇場の初代楽長になりましたが、彼はロシアオペラの座に対して中立的な態度をとり、その創造的な発展を援助したりはしませんでしたが、またそれを妨害したりすることもありませんでした。

一八六〇年代後半におけるボリショイ劇場のロシア座の総括的なレパートリーは一見したところ、非常に良い印象を与えてくれます。舞台に上がったのはロシアや西ヨーロッパの作曲家のオペラおよそ三〇作品ぐらいでした。その中にはグリンカの『皇帝に捧げし命』『ルスランとリュドミーラ』、A・S・ダルゴムィシュスキーの『ルサルカ』『エスメラルダ』『バッカスの勝利』、A・N・ヴェルストフスキーの『アスコリドの墓』『グロモボイ』、A・N・セローフの『ユディト』『ログネーダ』、A・G・ルビンシュテインの『ステップの子供たち、またはウクライナのジプシー』、S・S・グラーク゠アルテモフスキーの『ドナウ河向こうのザポロージェ人』、チャイコフスキーの『地方長官』、V・N・カシペロフの『雷』、B・A・フィティンゴフ゠シェーリの『マゼッパ』、K・P・ヴィリボアの『ナターシャあるいはヴォルガの乱暴者』、グノーの『ファウスト』、ロッシーニの『セヴィリアの理髪師』『セミラーミデ』それに『ウィリアム・テル』、ドニゼッティの『ルチア』、ベッリーニの『夢遊病の女』『ノルマ』、マイアベーアの『ユグノー教徒』、ウェーバーの『魔弾の射手』、S・モニューシュコの『ハルカ』です。

でも実際もっとも近い筋によって明らかなのですが、新しいロシアオペラの大部分はペテルブルグの舞台の質を落とした焼き直しであるか、あるいは非常に貧弱な作品であるかでした。西ヨーロッパの作曲家によるオペラ作品を選抜することは副次的なことであって、もっぱらそれはイタリアオペラの座の方が行っていました。

これ以外にもボリショイ劇場ではオペラ興行に対する「贅沢」な態度という新たな

伝統が生まれていました。たとえばボリショイ劇場の貴賓席にシーズン中ずっとボックス予約をした人々用には席の後方にカーテンで仕切られた部屋があり、そこに自分の家具やスイーツとフルーツ用のビュッフェが設置されるなど、何十年もの間忘れられていた大客間の気分を味わうことができたのです。

そしてこの頃新しく人気になり、最も経済的に儲けの多い作品となったのは、A・N・ヴェルストフスキーの『アスコリドの墓』でした。実際、比較的頻繁にマールイ劇場の舞台では九〇年も前の古いコミックオペラ『粉ひき魔法使い、ペテン師そして仲人』さえ上演されるという具合でした。

古い時代の音楽劇を定期的に復活させる習慣を支持したのは旧世代の俳優たちでした。年配の寄付興業俳優たちにとってオペラや若き時代のボードビルに出演することは楽しくもあり収入にもなりましたし、聴衆にとっては「昔を」想い浮かべることもまんざら不愉快ではありませんでした。

このような時期しばしば歴史的によく知られた作品の名称が奇妙に重なってしまう現象が見られました。たとえば一八六六年の秋にはモスクワのボリショイ劇場でもマールイ劇場でも事実上、同時にカウエル（一八〇四年初演）の『ルサルカ』とA・アリャビエフ（一八三八年初演）の音楽付プーシキン作『ルサルカ』の劇、それにダルゴムィシュスキーの『ルサルカ』が上演されていました。

一八六〇年代から七〇年代にかけて劇場のロシアオペラが悲惨な状況である、という問題は芸術批評では主導的な立ち位置にありました。それに対して常に向き合っていたのは、ラロシュ、カシキン、スターソフ、キュイでした。この問題をチャイコフスキーも自分の論文の中で検討していますが、それはまさに七〇年代の緊張した音楽批評活動を反映したものでした。

一八七三年二月、モスクワにおけるオペラシーズンを総括して次のように書いています。

「結局、オペラシーズンは終わったわけだが、この冬の我々の舞台活動を総括するならば悲しい結果に終わったと言うことになる。ペテルブルグにおいてはロシアオペラのレパートリーに新しいオペラすなわちリムスキー＝コルサコフの『プスコフの娘』とムソルグスキーの『ボリス・ゴドゥノフ』が加わったし、さらに二つに重要な外国のオペラすなわちモーツァルトの『ドン・ジョヴァンニ』

とワーグナーの『ローエングリン』が再上演されたのに対して、我々はと言えば相変わらず精気のないイタリア音楽趣味の作品で甘んじていたのだ」

（チャイコフスキー「音楽評論」一九八六年、一一四頁）

もちろん、この時期にもモスクワのボリショイ劇場の舞台では興味深いロシアの演奏者も仕事をしていました。たとえば一八七一年には座にN・A・エンガルィチェヴァ（コントラアルト）が、そして一八七三年にはE・P・カドミーナ（メゾ・ソプラノ）が出演していましたが、どちらの運命もかなり複雑で、ボリショイ劇場との良い関係は長く続かず、エンガルィチェヴァも、カドミーナも別の創造的な自己実現の道を探さなければなりませんでした。

エンガルィチェヴァの運命においてモスクワは、総じて言えば挿話的な役割を果たしました。この女流歌手はペテルブルグ音楽院を卒業後、メレルリの注意を引き彼の勧めによってエルビラ・アンジェラの芸名でイタリアとフランスで出演し成功し始めました。

モスクワに戻ってからエンガルィチェヴァはボリショイ劇場のイタリアものにもロ

シアものにも出演しました。しかしモスクワの舞台を長くは続けずヨーロッパへ行くことを選び、ナント、ボルドー、アラス、パリで出演しました。一八七〇年代から八〇年代の初めにかけてエンガルィチェヴァはさらに二度ロシアにやってきました。しかしそれは単に客演のためでした。

エンガルィチェヴァと違ってカドミーナはヨーロッパでの出世を意識的に拒否しました。モスクワ音楽学派の最も初期の代表者の一人であったのですが（彼女はモスクワ音楽院を卒業しました）、この歌手は自分のプロとしての将来性をロシア以外に考えませんでした。

音楽院時代に彼女はすでにモスクワの芸術的なインテリゲンツィアの注目を集めることに成功していました。カドミーナが人々に対して生みだす印象は、この当時間違いなく活発な舞台活動とともに幸せな将来性を予想させるものでした。

カドミーナのボリショイ・デビューについて新聞「声」の記者は次のように書いています。

「もう長いこと、我が国のステージで聴衆にこんなにも親しまれ、こんなにも共感された人を見ていない……彼女の声は有名なメゾ・ソプラノの中であっては、特に大きいわけではないが、驚くべき親しみやすさ、よく通る声質で、音色も暖かい。そして彼女には何か不思議な、人を引きつけるものがある。それは彼女の声量が第一級のものではないということをまったく忘れさせてしまうのだ。その声の広がりという点では、もちろん非常に高い音域まで上方に伸びていく。第二のデビュー用に自らアズーセナの役を選んだことからも分かる。年若い歌手に見られることは稀な……略……発声法は安定して堅固であり、この若き歌手はすばらしい教育の存在が感じられるのだ。……略……加えて彼女の演奏はうっとりさせ、最初に舞台に登場した時から、もう才能と経験の豊かな女優のように振る舞うのだ。読者は考えてみてほしい。このような女優が将来どんなに多くの希望を我々に与えてくれるだろうかと」

（「声」一八七三年、一三六頁）

しかしボリショイにおけるカドミーナの仕事は長くは続きませんでした。創造的な成功とモスクワの聴衆の愛があったにも拘わらず、カドミーナは三年後ペテルブルグに移り、それからイタリアに行き、そこで自分の声楽の修業を完成させました。その後ロシアに帰国しキエフとハリコフで出演しました。やがてドラマの舞台に移り、二八歳で自殺してしまったのです。個人的な幸せと愛が破滅して絶望に至ったのでした。

この歌姫が悲劇的な人生を終えたハリコフ市では彼女を記念して、ファンたちが四〇〇〇ルーブルを集め、それを基にしてモスクワ音楽院では彼女の名を冠した奨学金を設立しました。

カドミーナの運命は当時の芸術インテリ層に対して大変強烈な印象を残しました。非凡な俳優、歌手としての才能、きらめくような創造へのデビュー、そして悲惨な、ロマンティックに仕組まれたような最後。カドミーナはまるで劇のように生き生きと人生を過ごし、まるで劇のように人生から去っていきました。ある幕の上演中にこの女優は毒を飲み、彼女を救わんとする医師の努力にもかかわらず死んだのでした。

この事件に関して当時、多くのことが語られました。カドミーナの生と死は俗物的な陰口の対象となっただけではなく、多くの作家たちの想像力を刺激し優れた芸術作品のもとになりました。たとえばツルゲーネフはこの出来事の後、小説『死の後で』(『クララ・ミリッチ』)を書き、A・スヴォーリンは短編『タチアーナ・レーピナ』を、N・ソロフツォフは劇『エヴラーリヤ・ラミーナ』を書いています。あの若きチェーホフもカドミーナの運命について考え、一八八八年にA・スヴォーリンに宛てて次のように手紙を書いています。

「私は少しばかりですがカドミーナを調べていて、言われていることに耳を傾けるならば、実際彼女は並はずれて優れた天性であったことが分かります」

（『チェーホフ全集』一四巻、モスクワ、一九四九年、二三七頁）

エンガルィチェヴァとカドミーナは、多分一八七〇年代のモスクワ・ボリショイ劇場の舞台で最も美しい演奏家でした。二人の輝くようなデビューと最初のロシア人歌手として成功を示した役割は、ロシアの声楽家の創造的ポテンシャルがそのヨーロッパの同僚たちに少しも引けを取らずいかに大きいかを強調したことにありました。しかし、それは全体的な事情を変えるには至りませんでした。ロシア座のメンバーは危機的に少なくなってしまいました。

ボリショイ劇場のプリマドンナの芸術活動はA・D・アレクサンドロヴァ＝コチェトヴァでおしまいになりました。ボリショイ劇場の舞台に彼女が出演していたのは一八七八年までですが、その出演もだんだん少なくなっていきました。有名なコントラアルトの歌手I・オノーラも舞台から去りました。P・A・ラドネーシュスキーは晩年になりオペラの舞台を譲りました。声の強さと美しさで聴衆を以前驚かせていた彼も、バスパートを「自分の肩に」背負うことが困難になりました。一八七五年S・V・デミーロフ（バス）は劇場を去らなければなりませんでした。管理者の指示によりD・A・オルローフ（テノール）はマリインスキー劇場の座に移りました。A・G・メニシコヴァ（ソプラノ）はモスクワの舞台を去りました。

ロシアオペラとボリショイ劇場はますます「非共同事業体」であることがはっきりとしてきました。あるモスクワの記者がその根拠を次のように書いています。

「五〇年後、ようやくロシア音楽の歴史家を信ずることができるだろう。それはロシアの精神において、その古い首都においてどのようであったか……略……祖国ロシアの音楽に関心を持ち始めたばかりの頃や……略……外国の詐欺師の気に入るように政府に属していた劇場からまるで追放するようにロシアのオペラを排除したこと、まさにそれが開花の時にあったロシア芸術を粉砕してしまったこと、について物語を歴史家が話し始めた時である。……略……または、彼が次のように語り始めた時である。すなわち聴衆に最も愛された歌手がまったく出演依頼を見つけられず不本意ながら田舎の舞台あるいは軽音楽の場でしか出番を見つけられなかったことを。また、ある首都では光栄に浴しそこでは、なくてはならない音楽のパンであったにしても、他の首都では一〇年以上もの間、誰にも知られないでいたということ、さらに、巨大な富んだ町の人々には、彼らのはっきりとした欲求に逆らってなぜ当てにならないような質の外国オペラが無理やり与えられたのかということ、それも最終的に聴衆がオペラに行くことを止めるまで続けられたということ、そしてボリショイ劇場が閑散としてしまう程まで、なぜそうしたのかという話を始めた時に至って、ようやく人々はその歴史家を信じるだろう」

（「声」一八七八年、二五四号）

伝統的な解釈のカノンの中で書かれた若きチャイコフスキーの不完全なオペラがボリショイを生き返らすほどの力がなかったのは驚くべきことではありません。根本的に問題を改新するような解決法が必要だったのでした。でも、もしもそのような解決が行われたとしても、それでもやはり複雑に絡まった状況を変えることはできなかったかもしれません。ボリショイ劇場にはそれを具現化する力がまだありませんでした。それは閉じられた世界であり、それに穴を開けることには誰の力も及ばないように思われていたのです。

♪第12話　オペラとモスクワ音楽院

ちょうどこの頃N・G・ルビンシュテインはモスクワにボリショイ劇場に比べられるようなオペラ劇場を創設することを考え始めていました。

一八七五年の春、ルビンシュテインは動き始め、演劇関連を所轄する皇室大臣に、モスクワのオペラ文化を一新する提案を書いた公的な書簡を手渡しました。

富裕なモスクワの商人で『スラヴャンスキー・バザール』の創立者でもあるA・A・ポロホフシチコフと、当時の帝都ペテルブルグの帝室ロシア音楽協会支部の代表者であったM・P・アザンチェフスキーの署名入りのこの書簡は、本質からして当該の人物たちがモスクワにボリショイ劇場の舞台で私的なロシアオペラを創立する許可を求める請願書でした。

持ち込まれた請願書の中で指摘されていたのはモスクワにおけるロシアの国民的オペラの著しい衰退でした。その説明の一つとして、外国人芸術家の圧力と外国人興行主の見境いのない支配力があげられていました。衰退のもう一つの原因は、請願書の筆者の意見に従うならば、政府が芸術を指導することは芸術レベルを低下させる方に導いてきたし、今も導いている、将来も導くことになる、という点でした。このような考え方をそつなく丁重な形式にして表しながら、請願書の発信者は次のように書いています。

「ヨーロッパのほとんどすべての国の例は、芸術的な仕事の面を政府が統轄すると国民的なオペラの発達がいかに困難であるかを示しております」

革新のリーダーたちが求めたのは、ロシアのオペラについて自分たちに任せてもらえる権利を認めるかどうかの検討でした。彼らは全シーズンにわたってロシアの作曲家によるオペラを上演することを誓約し、また外国のオペラについてもロシア語を用いることを必須としました。国家の財政的な損失への保険として、彼らの意見によれば、保証金を設置することが可能で、ルビンシュテイン、ポロホフシチコフ、それにアザンチェフスキーがすでに「大臣が十分と認めるぐらい」は納入できる用意があるということでした。

まさにこの請願書はモスクワの出版業界の財産となりました。それを『N・ルビンシュテインを旗頭とする三人組の請願』と名づけて呼んだ誌紙は、疲れ知らずにこの提案の長所と短所、実現への見通し、仮説に基づく政府の反応、等々を論じました。

あるモスクワの新聞は、当時こう書いています。

「もし私共の地方紙読者の一人が私に、今モスクワで特別おもしろいものは何かと尋ねたとしたら私はこう答えるだろう。それはこれから始まるロシアのオペラだ、と。事実あらゆる会話は……略……ルビンシュテイン、アザンチェフスキー、それにポロホフシチコフ諸氏の有名な請願書のことに帰着するのだ」

（L・バレンボイム「前掲書」一九八二年参照）

しかしこのリーダーたちは政府筋の支持を得ることができず、ルビンシュテイン、アザンチェフスキー、それにポロホフシチコフの提案は、皇室担当相には「不適格相当」と見なされたのです。拒否はルビンシュテインを困らせることにはなりませんでした。それどころか音楽院の生徒たちによってオペラ舞台を上演しようという伝統が、物の見事にできあがる結果となったのです。

形としては音楽院生によるオペラ上演と演奏はルビンシュテインが、国家的補助金の供与についてこの学校の請願根拠を確実にするために企てたものでした。

すでに一八六九年春、貴族会館大ホールで音楽院の学生たちがグリンカの『皇帝に捧げし命』を上演していました（スサーニン役―K・アレローコフ、アントニーダ役―V・バイコヴァ、Z・エイボジェンコ、T・ヤッファ。そしてオーケストラは音楽院の教え子と教官、ボリショイ劇場管弦楽団からの招待奏者。指揮―N・ルビンシュテイン）。

舞台装置は非常に限られていたので、ポーランドの舞踏会シーンもエピローグもできず、コンサート演奏にせざるをえませんでしたし、道具係や衣装係もなく、また名高いグリンカ流のフィナーレ大合唱『賛歌ロシア皇帝に栄えあれ』もありませんでした。でもそれにもかかわらず、この興行は非常に良い印象を引き起こしたのです。

こうして新聞「声」紙は次のように記しています。

「演奏者たちはただ自分のパートを歌っただけではなく、あのように自分の役割をいくつも果たしたので、聴衆には音楽劇としての完璧な印象が残るのであって、歌手たちが良い声だけで目立つという、オペラの舞台でありがちな多かれ少なかれ人工的に演奏される音楽演目の集会とは違っていた……略……将来の我が国のオペラは今のところ完成からはかなり遠いが、それが音楽院での準備教育中の俳優たちによって充足されるならば不動のものとなると見なすことができよう」

（一八六九年三月十四日、一三二号）

二年後音楽院生たちは、まったく別のスペクタクルを以って聴衆に知られる所となりました。実は一八七一年を通し、また一八七二年の最初の数か月、学生たちと教官たちはグルックのオペラ『オルフェオとエウリディーチェ』を練習したのですが、この曲はモスクワの人々には知られていない音楽作品で、専門家や愛好者に対して公開された珍しいスタイルのオペラでした。

春には『オルフェオとエウリディーチェ』の上演が貴族会館大ホールでモスクワ市民向けに三回開かれました（オルフェオ役―S・ボーゲンガルド、E・カドミーナ、Z・エイボジェンコ。合唱指揮―N・A・グーベルト）。そして六月十日、『オルフェオとエウリディーチェ』は、皇帝と王位継承者を筆頭とする皇族の天覧演奏会となったのでした。

このスペクタクルは「皇帝最上賞讃」に輝きました。長く待ちわびていた補助金が確約されただけでなく、引き続き数か月にわたってマールイ劇場の舞台で音楽院による上演を行うための帝室劇場の管理部の許可が下りたのでした。

事実、上演の無料実施、帝室ロシア音楽協会会員のみに有効な招待券の許可が常設条件となり、芸術に関わりを有する者、すなわちモスクワの文学者、俳優、そして「モスクワの音楽発展に関心を寄せる者」すべてにとってそのような許しを賜ったのです。

しかし、それにもかかわらず許可それ自体は歴史的なものだったと言うべきでしょう。このようにして形成された音楽院生たちとドラマ劇場の連合は非常に実り多いものでした。次のように言うだけで十分でしょう。まさしくロシアの音楽芸術として、ついにオストロフスキーの戯曲『雪娘』がチャイコフスキーの音楽、マールイ劇場の俳優たちと音楽院生たちの力によってボリショイ劇場で世に出たのも、そのことのおかげであるのです。

『雪娘』の初演は、五月十一日でした。この上演は「当時としては尋常ならざる豪華さで行われ、その時期に語られていたところによれば、一万五〇〇〇ルーブルの出費であった」（カシキン「前掲書」一八九七年、九九―一〇〇頁）といいます。上演には若い創造的な力が満ち満ちていました。M・エルモーロワ、G・フェドートフ、I・サマーリン、彼らはすでにモスクワでは公に知られた存在でした。批評家たちはすぐに指摘しました。芸術家の前に提起された課題がいかに複雑なものであるか、と。たとえ経験豊かな歌手であっても歌うことから語ることへ、語ることから歌うことへと自然に移れるようになるのは大変なことです。聴衆たちはかなり懐疑的にこのような体験を知覚していましたが、成功はひとえにモスクワ音楽院の卒業生E・P・カドミーナの働きによるものでした。

カドミーナ（リェリ役）は、批評から察するところ、自らの前に立ちふさがる困難さにまるで気づきさえしなかった唯一の女性のようです。この芸術家は見事に役をこなし「その全才能で演じ、歌い、魅了したのでした」（カシキン）。

「カドミーナは〝このパートを……略……細部に至るまでの完全な明快さを以って演じたが、大事なことは、才能豊かで非常に暖かく、人の心を引きつけるものであったことだ。歌う時、すべての者は彼女の驚嘆に値する名演によってすっかり酔わされてしまった。……略……彼女の得た成功は巨大なものだった……略……」（「声」一八七三年、一四四号）と批評者の一人が述べています。おそらくはこの役の成功によってまさしくカドミーナのボリショイにおける地位はふつうでないくらい不動のものとなり、彼女をたちまちのうちにこの劇場の主要芸術家の一人に押し上げたのでした。

チャイコフスキーにとって『雪娘』の仕事は十分成功でした。構想したオペラ上演の将来性という点で確かな見通しを持っていたオストロフスキーとの共同活動に引きつけられたチャイコフスキーは、かってない程喜んで速やかにこの作品のための仕事をし、作者の意図通りにこの作品のすべての進行において輝くような、そして陽気な気分を「つかみとれる」ように努力をしていました。

カシキンは書いています。

「チャイコフスキーの人生の中で、とても良い時期だったのは彼がオストロフスキーの『雪娘』に音楽を書いていた三週間だった。……略……何度も思い出すのだが、オストロフスキーは『雪娘』の仕事をとても気に入り、とてもすばやく行ったが、チャイコフスキーとしては文章を待たなければならず、時間は少なくいつも急ぐ必要があったし、是が非でも……略……一八七三年、かなり早い時期だったと思うが、というのは『春のお話』のための音楽が、まさしく春の始まりに重なっていたので、チャイコフスキーは特別な入れ込みようで仕事をした。それもとても急がなければならなかったので。それは自分の流儀ではなかったが夜なべ仕事を続けた。そうやって三週間で大部なスコアを完成することに成功したのだが、それと同時に自分の音楽院での授業も手抜きなく厳正に行っていたのだ。もし推測してみて考えるならば、この授業は週二七時間あり、この作品を書き上げた速度はほとんどありえないくらい、ということになる……略……」

（カシキン「前掲書」一八九七年、九九―一〇〇頁）

翌年にはもう一つ、音楽の力と演劇の力を合体する試みが着手されました。

一八七四年春、音楽院ホールでは大規模な音楽の夕べが開催され、そこでは次のような演目が繰り広げられました。グノーのオペラ『ファウスト』から第一幕、オベールの『フラ・ディヤヴォロ』の場面、グリンカの『皇帝に捧げし命』より第四幕、ロッシーニの『セヴィリアの理髪師』の第一幕、そしてモリエールの『タルチュフ』でした。印象はとても良いものでした。

一八七五年には音楽院の学生たちの力によってフロトフの抒情喜歌劇『マルタ』が最初は音楽院ホールで、後にはマールイ劇場の舞台で上演されました（マルタ役―M・

テレンチェヴァ、ネンシ役―A・スヴャトローフスカヤ、リオネリ役―I・バイツ。音楽監督はN・G・ルビンシュテイン)。

当時の人々は音楽院での上演とモスクワの官立のホールでの上演とを比べることにいとまがありませんでした。そしてこのような比較をすることは明らかにボリショイ劇場の利にはならなかったのです。

「当時モスクワの帝立劇場の尊敬すべき支配人は、我々にごちそうしてくれたのは音楽のがらくたであった。……略……モスクワ音楽界の中心的な代表者N・G・ルビンシュテインは……略……」「わが愛すべき帝都の舞台は、このような上演を誇りとすることができるであろう」「どこそこの劇場の支配人が学ぶべきことと言えば合唱やオーケストラの大集団の活かし方であろう……略……」「このオペラは今まで我々がボリショイ劇場では聴くことができなかったくらい、生き生きと芸術的に円熟したものとして演奏されていた……略……」

当時のモスクワの新聞の批評は大方このような思想が流れとなっていたのです。

教育的に演出する高い教養、演目を「選び」、それを最初から最後まで「支える」指揮者ルビンシュテインの力量を、事実上すべての新聞で批評家たちが指摘していました。

「音楽院の上演は、舞台と音楽が厳密に一致している点、そしてまたすべてのパートの演奏が精緻であるという点で模範であるといえよう。ルビンシュテインはオペラにおける歌唱のコンサートとしての効果を何ら損なうことなく歌い手の俗っぽさもその一部と見なし、ある意味では根気よく薄情にあらゆる音符的効果、フェルマータ、洗練されたニュアンスといったものをなくしていった……」

「ルビンシュテイン氏には指揮において格別の特徴がある。それはオーケストラを、しかるべく、正確に、きちんと、響かせながら演奏させてしまう力量である。ルビンシュテインが望むならば、オーケストラは彼の指揮の下、一人の人間のように演奏し、そしてさらに何か巨大な芸術的な力の圧倒的な影響力のようなものに支配され、最少の細部についてさえ一瞬たりとも忘れないのだった……」

「オペラでは合唱団の一人一人どの団員もが実際の劇中人物のようにさせてしまう稀なる能力、ステージで演奏している合唱、まったく動かずに、それなのに見事に歌っている合唱！　すべてこれらは前代未聞の事件で、音楽院で、音楽院による上演だからできることなのである……」

そのような訳で「三人組の請願書」に対する宮廷庁大臣の拒否は分かりきったことをあえて説明したようなものでした。モスクワにおけるオペラ芸術の運命の支配者はモスクワ音楽院、その教員と学生であったと、最近になってやっと認められるようになったのです。

♪第13話　チャイコフスキーの『エヴゲーニー・オネーギン』

一八七九年三月十七日、モスクワはマールイ劇場にて、この街の音楽史にとってだけではなく、ロシアのあらゆる芸術文化にとってとてつもなく大きな意義を持つ事件が起こりました。聴衆の審判にかけられたのはチャイコフスキーのオペラ『エヴゲーニー・オネーギン』でした。この初演のために帝都ペテルブルグからA・G・ルビンシュテイン、ラロシュおよび他にも多くの面々がやってきました。ホールはこんなことはもうないだろうと思える程満員でした。というのもボックス席は誰も座れず、一つのボックス席に一五人もの人が立ち見していたからです。

この作品が誕生する歴史については、この偉大な作曲家の創作を扱った専門書やいろいろな一般的な出版物の中で一度ならずまた詳細に語られています。それにもかかわらず、このオペラの前史やその後についての詳細についてはチャイコフスキーの同時代のモスクワの聴衆たちが評価したのと同じように、できるかぎり、それらの評価をもう一度してみる価値があるのです。

周知のように『オネーギン』についてのオペラを考えたらという助言を作曲家にしたのはE・A・ラヴロフスカヤという歌手でした。「プーシキンの抒情的な舞台」を作品にするこの仕事をチャイコフスキーは一八七七年五月から始め一八七八年一月十三日に終えました。

弟モデスト・チャイコフスキーは、こう書いています。

「場面配置においても、歌詞においてもできる限り原作に近づけながら、かつ自作の挿入部分はごくわずかにするように自制しながらも、台本作者たちは原作見本からの重大な逸脱を犯し、オペラの最終場面でタチヤーナをオネーギンの抱擁に任せたのだ……略……」

チャイコフスキーは、動揺しながら音楽院仲間とりわけN・G・ルビンシュテインの「判決」を待っていました。

チャイコフスキーはルビンシュテインに書いています。

「もし第一場が、二―三日中にお手元に届くはずですが、あなたが気に入ってくださるなら私は幸せです。私はとても入れ込んでそれを書きましたから。この音楽院でそれを上演するのが私の最高の願いです」

N. G. ルビンシュテインのもと、モスクワ音楽院学生によって
マールイ劇場で行われたチャイコフスキーのオペラ「エヴゲーニー・
オネーギン」の初演。ラーリン家の舞踏会の場面（1879）

（モデスト・チャイコフスキー「前掲書」二巻、二〇四頁）

「判決」はチャイコフスキーの最も大胆な期待を凌駕し『オネーギン』は熱狂的に受け入れられ、この作曲者が書いたものの中では最良のものとして評価されました。N・G・ルビンシュテインはチャイコフスキーのこの新しいオペラを「素直に好んだ」（ユルゲンソンによる）のでした。このオペラはルビンシュテインに強烈な印象を生じさせ、彼はK・K・アリブレヒトの言葉によれば、いつ

の間にか「すっかりのめり込み」『オネーギン』にはまり込んでいたということです。

(『チャイコフスキー全集』六巻、一九六一年、一九三頁)

これから先の運命についての決定が複雑で困難であればあるだけ、友人による仕事の評価は高くなりました。チャイコフスキーには明白でした。ボリショイ劇場でオペラを打つことは作品を取り返しがつかないほど破滅させることを意味していると。唯一の選択肢はモスクワ音楽院の学生たちの力による上演ですが、それは大きなリスクがありました。オペラ上演の教師としてルビンシュテインがどんなにか有名であったとしても、またルビンシュテインの経験や注意深さがどんなにあったとしても、それでもやはり、その上演は未だ「駆け出しの」出演者によるものであり、そのことから生じる後遺症を伴うものだったのでしょう。

しばらく考えてチャイコフスキーは正しい道を選びました。オペラのピアノ譜出版をその舞台上演までに間に合わせることを決心し、自分の立ち位置を一八七八年二月四日/(新暦)十六」日付の手紙で書いています。

「……略……もし、あなたが遠くならないうちに製版に移ってくれるならば、言い表せないくらい私はうれしい。……略……思うに、このオペラは大きなステージよりもむしろ家とか、そうだな、ショー用のステージでのほうが成功するだろう。だからボリショイ劇場での初演をするよりもかなり前にこのオペラが出版されているということは良くないことではないだろう。このオペラの成功は上からではなく、下から始まるはずだ。つまりだ、劇場ではこのオペラを知る一般大衆をつくれない。だが反対に聴衆が少しずつ少しずつこのオペラを知って行けばこれを好きになり、そうすれば劇場が一般大衆の要望を満たすためにこのオペラを上演する。もしかしたら私は思い違いをしているかもしれないが、思うに最も合理的で綿密な上演であれば、このオペラは舞台芸術としても気に入ってもらえるだろう。だがそのような舞台にするためには、古臭く、わざとらしい、官僚的なやり方は消えてもらい、またこのオペラがあるべき姿で上演されるようにするために、必要と思ったことすべてを要求する権利が私に与えられるようにすることが必要だ……略……音楽院での上演に関しては、これらのことはとても幸せに思う。あそこなら、ひな鳥たちも歌うだろう、しかし反対に古手たちはできない。音楽院はこのオペラの上演の見本を示すべきだし、もとより私は全体としてこの上演が何ら改善の余地を残さないと分かっている一人だ。音楽院には役にふさわしい然るべき演奏者が十分いないのでは、といった点について言うならば、そのような者はまだ官立の劇場よりは少ないさ……略……」

（「前掲書」六巻、二一八頁）

チャイコフスキーが取った選択の正しさを時が証明しました。非常に短時間で一千部刊行されたオペラのピアノ譜は売り切れ、それを普及させたのはロシアの大都市や地方だけでなく、外国でもそうでした。オペラ『エヴゲーニー・オネーギン』の作曲者の名はオペラの座や音楽愛好サークルの至る所で有名になりました。オペラの断片はコンサート・ショーでも催され『オネーギン』の音楽は家々でも響いていました。作曲家P・パプストは『エヴゲーニー・オネーギン』の主題でパラフレーズを作曲し、ルビンシュテインがコンサートで演奏しました。後年リストはポロネーズの編曲を作りました。タチヤーナの手紙の場面、レンスキーのアリオーソ（詠叙唱）はコンサート形式でしばしば演奏されるようになりました。

まさにユルゲンソンのピアノ譜発行によってツルゲーネフはチャイコフスキーのオ

ペラを初めて知ったのでした。パリからトルストイに宛てた（一八七八年十二月十五／二十七日付）の手紙で彼はこう書いています。

「エヴゲーニー・オネーギンはピアノスコアとしてこちらにやってきた。ヴィアルド女史は夜毎この作品を研究し始めた。間違いなくすばらしい音楽だ。抒情的な部分は至極いい。しかし何という台本なのだ！　想像してみてください。登場人物について紡いだプーシキンの詩が登場人物自身の口をして発せられるとは」

（『ツルゲーネフ全集』一二巻、一九六〇―六八年、三八三頁）

このロシアの作家の批評は当時にとってすこぶる暗示的なものでした。自身はそんなことは思いもよらなかったのですが、ツルゲーネフはオペラの舞台でのプーシキンの作品について議論を始めたことになったのです。それもとりわけチャイコフスキーのオペラ作品においてです。この議論はまもなく明らかにこの作家とは関係なく大衆的な性格を獲得し、批評出版物のもっとも有名な主題の一つに転移していきました。

でもこのオペラのピアノスコアが出版された当初の反応がどのようなものであったにせよ、オペラを「下から」知るという意味で役割を果たした訳です。そのようにオペラが知られていくことは、多くの点で、「このような事業のやり方をあえてしたことで、他の協会員に頼みこまずに済んで音楽院の人々の荷を軽くしてくれた。外から入れた演奏者の持っている欠点を包みこまずに済んだのだ」（ラロシュ）。

加えて教育的な試みに対する作曲家自身の態度は、集団の創作力を確信させたのでした。部分的な疑いはあったにもかかわらず、肝心なことはチャイコフスキーがこう確信していたことです。すなわち音楽院の学生以外、他に誰一人としてオペラの生命にその価値ある音調を与えられる者はいなかったことをです。ある手紙の一つで、この作曲家は書いています。

「私は音楽院でこのオペラが動き始めるまで、決して劇場の管理部にはこのオペラを渡さなかった。私はこのオペラを音楽院のために書いたのさ。というのは、私に必要だったのは、決まりきったやり方や因襲にとらわれ、監督たちは無能で、ぜいたくな舞台であるが意味不明なカペルマイスター代わりの信号振りのような機械等々がこびりついたボリショイの舞台ではなく、必要なのは音楽院なのだ。『オネーギン』のために私が必要なのは次の通りだ。(1)並みの腕があり、だがきびしい訓練を受けていて志の堅い歌手。(2)それとともに素朴だが演奏のうまい歌手。(3)設定上必要なのは贅沢ではなく、時代に厳密に相応していること、衣装は必ずこのオペラの場が進行するその当時（一八二〇年代のもの）。(4)合唱団は帝室の舞台のように羊の群れであってはならない。オペラの場に参加している人々である。(5)カペルマイスターは機械であってはならないし、ましてや自分の側だけにいるよう無理強いし共に演奏しないナプラヴニクのようなスタイルの音楽家ではない。そうではなく真のオーケストラのリーダーである。私はペテルブルグの管理部なり、またモスクワの管理部なりの満足のために『オネーギン』を作ったのではないし、もしこのオペラが音楽院で行われる運命になかったとしても、他のどこにも行きやしない」

（『チャイコフスキー全集』六巻、一九六六年、二七五頁）

音楽院におけるリハーサルは指揮者欠席で進行していました。まず初めにこのオペラの個々の場面が音楽院で示されました。配役は次のようになりました。タチヤーナ役はM・N・クリメントヴァ、オリガ―A・H・レヴィッカヤ、ラーピン―M・B・レイネル、ニャーニャ―Z・V・コージナ、オネーギン―S・ギリョフ、レンスキー―M・I・ミハイロフ、グレーミン―V・V・マラホフ、トリケ―V・V・タルホフ、管弦楽団を指揮したのはS・I・タネェーエフ、合唱団を指揮したのはK・K・アルブレヒトとN・A・グーベルト、演出はI・V・サマーリンでした。

最初の試みは成功に終わりました。一八七八年十二月十六日に行われた上演は、批評家たち、中でもラロシュのすばらしい批評によって刻まれました。しかし翌一八七九年の春にはもうこのオペラの仕事は最終段階までこぎつけることができ、オペラの初演が表明されました。

ゲネプロに出ていたチャイコフスキーは、準備ができていること、わけても合唱とオーケストラの響きに満足しました。作曲家の隣でリハーサルを聴いていたカシキンは次のように書いています。

「すべてはうまく行った。そして多くの若者たちによる合唱の絶妙な均斉と声の響きはすっかり妖術にかかったような印象を引き起こした。『手紙の場』ではオーケストラのトレモロの上にチェロでハ長調のタチヤーナの愛のテーマが現れた時、チャイコフスキーは私の耳元でささやいた。『ここが暗くて、よかった！涙が止まらないぐらいここが好きなんだ』と。だが私とて全く同じだった。私は何回も何回もこのオペラを後に聴くことになったのだが、それでもやはり、このリハーサルの何週間よりも強烈な印象を得たことは他になかったと思う。N・G・ルビンシュテインは、学生たちが時折、演奏中に見せる真に芸術家としての愛着、願わくは本当のベテランの芸術家に与えられるような愛着の力のような良い興奮と自力を確信する才能を手にしたのだった……」

（カシキン「前掲書」一八九七年、一四一頁）

音楽界においてこのオペラの成功は異論のないところでした。しかしそれにもかかわらず、この作品に対する一般的な態度には多種多様な面が見られました。モスクワの聴衆に対してこのオペラが引き起こした印象を特徴づけながら、演劇批評家S・ワシリエフ（フレーロフ）は次のように記しています。

「このオペラに最初から終わりまで有頂天に舞い上がっていた者もいなければ……略……。特にフランスの教師トリケの歌の一節を覚えてしまうが、他の部分にはまったく冷淡であった者たちもいた。さらに音楽については語らず、台本について中心的に詳述する者もいた。たとえばプーシキンの小説に比べて多くなされた場面転換に怒っている者もいた。彼らにとっては分かりにくい描写音楽に映ってしまったのだろう。このように、視聴者の印象には大きな三つの流れがすでに明らかになっていた。すなわち無条件の熱狂、台本の無条件的な糾弾、そしていわゆる玄人受けである」

（「モスクワ報知」一八八一年、一五号）

まさしくプーシキンの長編小説の音楽的な解決を「抒情的な舞台」で行ったことは、批評家たちの激しい論議の対象となり、音楽・演劇ファンの間の多くの言い争いの元となりました。作曲家はプーシキンの主題や文章を「低めた」かどでそして、自分勝手な転用したかどで糾弾されました。それがどうであれ史上最初の、音楽院オペラ上演、演奏者、彼らの成功や見込み違いなどといったものに関心を持った者はほとんどいなかったのでした。オペラ舞台上の『オネーギン』の詳細とか作品の正当性に関する論議によってすっぽり包まれてしまい、音楽院のことについて遠慮せずにとやかく言う人はいなかったのです。でもその際、聴衆の知覚にとって耳慣れなかったことのすべて、伝統的な考え方にはなかったことのすべては、このとても難しくて新しい課題の探究を解決しようと立ち向かった学生たちの若さや未経験に結びつけられてしまいました。

一言で言えば聴衆の印象は「混ざり合ってぼんやりしたもの」であり、そのことについてモスクワっ子の態度の全般的な性格をなんとか整然としたものにすべきと思ったほどだったのです。

しかし、そうは言っても一人一人にとっては明らかでした。音楽院の上演は大事件であり、それに加わることはすべての多少たりともオペラに関心のあるモスクワっ子には必須とみなしていました。『エヴゲーニー・オネーギン』への関心は揺るぎなく高まっていきました。すでに二回目の上演で肯定的に書いた紙誌の数は、はるかに上回り、ホールはさらに満杯になりました。モスクワっ子たちはプーシキンの慣れ親しんだ詩行に基づくオペラのレチタティーヴォに、すっかり穏やかに反応し音楽に耳を傾けるようになり始めました。

　チャイコフスキー自身は生じた事柄を分析してフィナーレを変更する解決策を受け入れ、一八八〇年の秋にはこのオペラの終幕を「今、我々が知っているような姿（モデスト・チャイコフスキー）」に導きました。まさにこのような形でこのオペラはボリショイ劇場の舞台での上演が提案されるに至ったのです。

　このオペラをモスクワの帝室劇場の芸術家たちの演奏によって見られるという予想はチャイコフスキーをとても喜ばせたと考えてはなりません。彼は見事に次のように自らの説明を出しています。改善を指摘したにもかかわらずボリショイ芸術の仕事は依然として理想からほど遠い。ソリストやアンサンブルは弱く、舞台画家や演奏家たちの考えは全般が旧習的であると。ですが、それにもかかわらずボリショイでのオペラ上演は公的な承認の印となり、このオペラの船出後の独立生活が成功する担保となったのです。

♪第14話　生命尽きてなお　ニコライ・ルビンシュテインの死

一八八一年は十九世紀モスクワの音楽文化史では時代の変わり目でした。二つの出来事が後世の者たちの記憶に、その重要な目印を残しました。つまり一つはボリショイ劇場の舞台でチャイコフスキーのオペラ『エヴゲーニー・オネーギン』が二月に上演されたこと、それはモスクワのオペラ舞台における急転換が始まったことの印でした。もう一つはニコライ・G・ルビンシュテインの死です。

チャイコフスキーが想像したとおり、帝室劇場の役者たちの力では「抒情的な舞台」は見事とは言えませんでした。興行には一座の力、最近ボリショイのメンバーに加わった若き女優E・K・ヴェルニ（タチヤーナ役）、それにD・A・ウサトフ（レンスキー役）とP・A・ホフロフ（オネーギン役）がより大きく作用したにもかかわらず、このオペラは聴衆の興味を特別引きつけることにはなりませんでした。加えて作品は舞台の解釈それ自体が作曲家の案じていた旧習墨守から抜けきれていなかったのです。出演者があらゆる日常の生活場面つまり第二幕と三幕の舞踏会のシーン、第一場の農民と娘たちの合唱を丹念に強調し、基調となる「抒情劇的」なものをぼやかしてしまったのです。客はまったく期待はずれの出し物を見てしまいました。つまりフランス人役のトリケの時事風刺歌とグレーミンのアリアが、要するにレンスキーの死の直前のアリアや悲劇的な決闘のシーンとは無関係にありきたりに歌われていたのでした。

それでもやはり、『オネーギン』がボリショイのレパートリーに含まれたという事実自体、創造的な集団のオペラを活性化した利益は、歴史が示したように、この劇場の生命において新たな時代が始まった証拠であるのです。音楽院による上演以外の視点、ますます自分なりの思考をするようになったモスクワの聴衆、紙誌はボリショイにおける低落を批判し続けたのですが、これらはそれなりの役割を果たしました。ボリショイは長年に渡る「冬眠」から「目覚め」より積極的に音楽・演劇文化の新しい現象を取り入れることに動き始めたのでした。

ルビンシュテイン

ニコライ・グリゴリエヴィチ・ルビンシュテインはモスクワの音楽生活が持っていた旧習墨守の最後の稜堡《りょうほ》が急速に崩れ落ちていくのを喜んだに違いありません。でも致命的な病にあり、パリで最後の数か月間を過ごしていた彼はモスクワに思いを馳せながら、もうモスクワを見ることはできないと思っていたのでした。

ルビンシュテインが重病であることをモスクワの多くの人々が知っていました。しかしこんなに早い死は誰も予想していなかったのです。兄のアントンでさえニコライの病気の悪化についても、またモスクワからニースに移っていたことも知らなかったのでした。

ニコライが危篤であるという知らせを受けてアントンはパリに急行しましたが、すでに遅過ぎました。苦しい日々にこの別れを記した妹あての手紙の中で彼はこう言っています。

「ニコライは亡くなった。僕は彼の死を看取ることができなかった。間に合わなかった。僕は彼がモスクワから出て行ったなんて全然知らなかったんだ。……略……僕たちは長いこと会っていなかった。でも僕は弟の手を感じていたし、多分、彼もそうだろう。今はもう彼はいなくなってしまった。……略……モスクワで彼の代わりに誰がいるか？　すべてだめになってしまうのではないか？」

（L・バレンボイム「前掲書」、二四六頁）

このような直接ことばにしたためられた思いや喪中の日々に交わされたすべての手紙の行間に残された思いを携え、ニコライ・G・ルビンシュテインとの別れにパリへチャイコフスキーとユルゲンソンがやってきましたし、ツルゲーネフ、A・P・ボゴリューボフ、P・ヴィアルド、グノー、マスネーそして多くの音楽家とヨーロッパの芸術文化の活動家たちがやってきました。

三月十六日（新暦二十八日）ニコライ・ルビンシュテインの遺体を納めた棺が故郷に運ばれました。モスクワは喪に服しました。モスクワ市議会は全会一致で次のように決議しました。

『モスクワ市民として音楽文化を普及させた熱心な活動家であるロシア音楽協会モスクワ支部長の故N・G・ルビンシュテイン氏を記念する特別な尊敬の印として、市の名において故人の埋葬を行う』と。

二日間、市はその音楽的偶像と別れの時を過ごしました。三月二十五日、遺体はモスクワ－ブレスト鉄道の駅からモスクワ大学教会へと移されました。悪天候にもかかわらず悲しみの長い行列が続きました。トゥヴェルスカヤ大通りを過ぎ、プーシキン記念像を通り、そしてトヴェルスカヤ並木通り、そしてニキーツカヤ大通り……と。

黒と白との喪の布帯や旗がひらめく音楽院は活動を停止し、追悼の祈りを聖職者が捧げました。

深夜まで故人との別れは続きました。翌朝、追悼の祈祷の後、埋葬の列は赤の広場、モスクヴァレツキー橋、ピャットニツキー通り、セルプホーフスキー門からダニロフスキー修道院へと移動しました。そして再び葬列は延々と続きました。そしてまた前日と同じように、市当局の指示によって葬送行列の通り路には悲しみの印として、すべてのガス燈が灯されエゾマツの枝と喪のリボンで飾られていました。

ニコライ・グリゴリエヴィチ・ルビンシュテインはダニロフスキー修道院の墓地に、ゴーゴリの隣に埋葬されました。墓地の小山に建てられた石碑には、こう書かれていました。

『モスクワは、N・G・ルビンシュテインのためにある』と。(その後、遺骸は移
され、一九三九年六月二十五日ノヴォジェヴィチ修道院の墓地に埋葬された)

N・G・ルビンシュテインの死によってモスクワの音楽生活の最も面白く矛盾に富んだ一時代は終わりを告げました。三〇年間もずっと、田舎の、無気力で、外国からの圧しつけに依存していたモスクワの音楽生活は、ヨーロッパの著名な音楽都市の生活になりました。

音楽教師や演奏家の真のモスクワ音楽学派が形成されました。それは独自の唯一無二の顔を持ち、独自の芸術的な伝統を持ち、独自の美的原理を持っているものでした。それにふさわしい聴衆も育成され、彼らは籾殻の中から独自に実を選ぶことができ、祖国の音楽文化の発達を追いヨーロッパの新しい音楽の星となることを目指していきました。

音楽の夕べ、コンサート、オペラの上演に足を運ぶことは、教養あるモスクワ人の生活習慣となりまた喫緊の欲求へと変容したのです。

モスクワの楽譜出版社の活動も広がり、モスクワの音楽批評は読者の目において権

威あるものとなったのです。

そして、もちろんのことN・G・ルビンシュテインの大切な最愛の子供――モスクワ音楽院も生まれ、順調に成長していきました。

N・G・ルビンシュテインの一周忌にあたり、兄A・G・ルビンシュテインは帝室ロシア音楽協会の現役会員と名誉会員の緊急会議に参加し、モスクワの人々に対し次のように語りかけました。

「弟が始めた仕事をそのままにしておくことは求めない。自分の愛と感謝を故人となった院長に実際に捧げようではないか」

次のことを必ず行うことが承認され全会一致で受け入れられました。すなわち、㈠毎年三月十一日に協会の「交響楽の会」を行い、その入場料で永久にルビンシュテインを記念する。㈡彼を記念したメダルをつくる。㈢彼を記念してロシア音楽の歴史に関する研究のコンクールを創設し、優賞者に二〇〇〇ルーブルを贈る。㈣ニコライ・ルビンシュテイン奨学金を一〇件設ける。㈤音楽院ホールに彼の大理石像を設置する。

決められたことすべてがうまく実行されたわけではありませんでした。N・G・ルビンシュテインを記念しつつ、彼の始めたことや彼のすばらしい人柄を思い感謝しつつ音楽都市モスクワはまっすぐ「新しい岸辺」に向かって疾走し、熱狂的なロマンティスト＝パイオニアであった故人の想いを過去に置きながら自らの前に新しい課題を課したのでした。

新しい名前、新しいアイドル、新しい作品、そして新しい創造的な計画が次々に生まれ、名高いモスクワ音楽都市建設の突破口を開いた歴史はもはや遠い彼方のことになりました。

しかし、それはまったく別なもう一つの物語の主題なのです。

訳者あとがき

モスクワが音楽の都であることとは、旅行者や音楽ファンではなくても多くの人が認めるところでしょう。「ボリショイ」「チャイコフスキー」ということばは、この都市の名前と結びついています。でも音楽都市モスクワは一夜にしてできあがったのではありませんでした。本書で語られるのは、帝都ペテルブルグに対して、かつては不毛の地とされていたモスクワがどのようにして音楽の都になったのか、その改革の歴史的流れを作り出したのはいったい誰なのか、という、在りし日の音楽家たちと市民の物語です。ニコライ・ルビンシュテインとチャイコフスキーの名前は良く知られていますが、彼等と仲間たちはモスクワを音楽都市にするためにどのように考え、どのように行動したのでしょうか。

訳者は二〇年以上前にカタログで予約注文し、届いた何冊かの研究書とともに本書の原本を手にしました。難解な歴史書ではなく生き生きとした物語であったこともあり、時に日本語訳を書き留め、放置し、またふと思い出しては訳文を書き留める、ということを繰り返し、ずいぶん時が経ってしまいました。興味深い本ではあるけれど、いろいろなことを考えると日本語訳の刊行は難しいだろうな、と考えていました。原著者とは連絡が取れないし、翻訳権のこともあるし、引き受けてくれる日本の出版社はあるだろうか、と。

原著者と連絡を取り私との仲介をしてくれたのは研究上の長年にわたるモスクワの同僚アーラ・ザクレーピナ先生（ロシア教育アカデミー治療教育学研究所教授、教育学博士）でした。おかげで原著者スヴェトラーナ・コンスタンティーノヴナ・ラシチェンコ氏とメールを交わすことができ、対話と意見交換が可能となりました。

音楽作品や音楽家の創造的な活動が都市の文化を形成する過程を目の当たりにできるような原著の文章は、音楽ファンのみならず現代を生きる多くの人びとの関心を引くことと思います。作曲家とその作品、演奏家とその演奏が紹介されるにとどまらず、彼らがその時代にどのような生き方をしたのかが描き出されているからです。まだ音楽が職業として認知されていなかった時代にあって、誰にでも手に届くものとして音楽生活を用意することまでも、当時の音楽活動家たちは自らの仕事として考えていたのでした。音楽芸術とその発展は歴史的、社会的背景と結びつけて理解すべきことを本書は明確に伝えています。

本訳書の刊行に際して多くの人の力をお借りしました。ムジカ・ラーラを主宰する八田圭子氏には関連資料とともに貴重な助言をいただきました。原稿整理と校正作業では翻訳の最初の読者として山梨大学の学生、田中香帆さん（教育学専攻）と佐藤綾乃さん（音楽教育・ピアノ専攻）が心強いスタッフとなってくれました。

明石書店の大江道雅社長は本書の価値を評価していただき刊行を引き受けてくださいました。また編集を担当してくださった秋耕社の小林一郎氏はいつもながらの鋭い指摘と抜群のセンスによって拙い訳文を育んでくれました。記して深謝いたします。

原著者のラシチェンコ氏はウクライナ出身の研究者でモスクワの国立芸術学研究所の音楽史分野の主任です。日本語版への序文をいただいたことに感謝申し上げます。

音楽家の仕事は作品を創り演奏することだけではないことを音楽学や音楽史研究が教えてくれます。音楽経験の差に関係なく、より多くの人々の手に届く芸術でなければならないし、どのような人々にも音楽生活が当たり前のこととして営まれる社会でなければなりません。音楽都市モスクワは立場や違いを超えた多様な人々の思いによって成立しました。音楽家たちの思想と行動には彼らの創作の意味がもう一つの形となって表れているのです。

なお、作品名、地名、人名等、ロシア語の日本語カタカナ表記には悩ましい点が多いのですが、なるべく原語の発音に忠実にすることを原則にしました。しかし既に定着していると思われるものについてはその限りではありません。その点を含め本書の訳文は既刊の多くの関連書からの恩恵に浴しています。

原著には学術書としての性格から引用部分の出典を示す注と文献が巻末に記されています。原語表記であることを考慮し本書ではこれらを省き、必要に応じて訳者注として文中に記しました。また第1話から第14話の見出しは原著にはなく訳者によるものです。

二〇二二年四月吉日

訳者　広瀬信雄

著者について

Светлана Константиновна Лащенко
スヴェトラーナ・コンスタンティーノヴナ・ラシチェンコ
(英語表記：Svetlana Konstantinovna Lashchenko
あるいは　S. K. Lashchenko　または S. Lashchenko)

音楽学者、文化学者、研究者、大学講師、ジャーナリスト、編集者。
芸術学博士（ロシア)、文化学博士（ウクライナ)。現在、国立芸術学研究所（ロシア、モスクワ市）音楽史部門長。

研究分野：ロシア文化史、ロシア文学史、ロシア音楽史。M. I. グリンカの創作、西欧プリマドンナのロシア客演史、ソヴィエト音楽史、D. D. ショスタコーヴィチの創作、19 ～ 20 世紀における文学と音楽の相互関係に関わる諸問題の研究。
電子ジャーナル『音楽芸術──理論と歴史』副編集長、100 を超える論文の著者、イタリア、ドイツ、イギリス、ロシアにおける国際学会参加。
　学術研究大巻『ロシア芸術史』（第 17 巻、1880–1890）責任編集者、D. D. ショスタコーヴィチ研究大成の著者、ロシア内外の文化学及び芸術学関係の主要ジャーナルにおける記事の著者。
　今後の出版予定：『知られざるグリンカ』『西欧プリマドンナのロシア客演（1820–1840）』。

所属について
Государственный Институт Искусствознания МК РФ. 略称：ГИИ
ロシア連邦文化省国立芸術学研究所
（英語表記：The State Institute for Art Studies of the Ministry of Culture of the Russian Federation. 略称：SIAS）

訳者について

広瀬信雄　2019年より山梨大学名誉教授
主な著作：『きこえない人ときこえる人』（訳書、1997、新読書社）。『グリンカ――その作品と生涯』（1998、新読書社）、『バラライカ物語』（訳書、2001、新読書社）、『新版ロシア民族音楽物語』（訳書、2000、新読書社）、『プロコフィエフ――その作品と生涯』（訳書、2007、新読書社）、『天才心理学者ヴィゴツキーの思想と運命』（訳書、2015、ミネルヴァ書房）、『子どもに向かって「お前が悪い」と言わないで』（訳書、2016、文芸社）、『ヴィゴツキー評伝』（2018、明石書店）、『ヴィゴツキー理論でのばす障害のある子どものソーシャルスキル』（訳書、2020、明石書店）、『タタール人少女の手記 もう戻るまいと決めた旅なのに――私の戦後ソビエト時代の真実』（訳書、2021、明石書店）他。

モスクワ音楽都市物語
―― 19世紀後半の改革者たち

2022年6月30日　初版第1刷発行

著　者　S.K.ラシチェンコ
訳　者　広　瀬　信　雄
発行者　大　江　道　雅
発行所　株式会社 明 石 書 店
〒101-0021 東京都千代田区外神田6-9-5
電 話　03（5818）1171
FAX　03（5818）1174
振 替　00100-7-24505
https://www.akashi.co.jp/

組　版　有限会社秋耕社
装　丁　明石書店デザイン室
印刷・製本　モリモト印刷株式会社

（定価はカバーに表示してあります）　ISBN 978-4-7503-5436-1